幼保 英語検定

Level 4 級ワークブック

【編集】 一般社団法人 国際子育て人材支援機構（OBP）

JN074861

kidsfore
ブックフォレ

株式会社ブックフォレ

はじめに

本書は幼児教育・保育英語検定 (以下、幼保英語検定といいます)4 級
用の学習用教材です。本書は、幼保英語の早期習得を目指し実践的な
学習ができるように、 5 回分の問題を検定形式で掲載しております。

幼保英語検定の検定学習としては、一般社団法人幼児教育・保育英語
検定協会の著書「 幼保英語検定テキスト 」で基礎を学習し、学習度合
いの確認及び検定直前の実力確認用として、本書をご活用ください。

目次

語学学習について

なかなか、英語の試験に合格しない方のための語学必勝学習法

1. 絶対に避けるべき学習

「つもり学習」は避けましょう。

問題を取り組むときに、すぐに解答・解説を読んでしまっていませんか。"時間がないから、解答解説だけをみて学習する"これを「つもり勉強」といい、わかったつもりになる最も非効率な学習方法です。勉強時間は十分なのに実力が上がってこない、得点に結びついてこない受検者の多くは、年齢を問わず、このつもり勉強に陥っています。

散弾銃式学習に陥っていませんか。

教科書やテキストを勉強するより、過去問や予想問題などの問題集を大量に購入して 時間の限り問題を解くという「数打てば当たる」という「散弾銃式学習」は非効率を絵に描いたような学習方法です。たくさんの問題集を購入して、問題にあたっても、設問仕方がちがうとお手上げの状態になります。

2. 効率的な学習法 ステップ学習法を取り入れましょう。

効率よく勉強し、且つ早期合格を目指すなら、

テキストを熟読する → 問題を解く → 補強すべき分野・範囲が分かる

テキストのどこを補強学習するかがわかる → 問題に取り組む

というステップ学習法（階段を上がるように、1段、1段積み重ねていく学習法）を取り入れてください。「ある問題を間違えた、わからなかった」というのは、「その問題を解くのに必要な知識がなかっただけではなく、そのレベルやその範囲の知識がなかったということです。したがって、問題に取り組んで、その時点での自分の実力で補強しなければならない文や範囲を把握できたら、参考になるテキストや資料を使って学習を行います。教科書や資料で系統だってまた分野ごとに学習することは、知識を蓄えるだけでなく、それまでの知識と新しい知識の関係の把握、整理につながり、持っている知識の活用を非常に有効なものにします。

4

語学学習について

幼保英語検定の早期合格に絞った学習法について

幼保英語検定に限っていえば、出題の分野が乳児から未就学児年齢までの乳幼児の保育・教育とそれを取り巻く環境に限られていますし、筆記よりリスニングに重点を置いた英語検定です。日本語でもそうですが、文章だととかく難しい言い回しになることでも、会話となると比較的簡単な言葉や文法が使われます。したがって、日常会話でよく使われる動詞のイデオムや熟語への知識の習得に努めましょう。

リスニング力のつけ方でお勧めなのが、録音された会話の速度変化による聞き慣れ学習法です。

速度を 5% 早くして聴く

速度を通常速度に戻して聴く

速度を 5% 遅くして、自分の声をかぶせてみる

速度を 5% 遅くしたまま、デクテーション（会話の書き取り）を行う

テキストを開いて、内容の確認と書き取りができなかった部分の加筆修正を行う

速度を通常速度に戻して、加筆修正した書き取りを見ながら、自分の声をかぶせる

これを繰り返すことで、リスニング力が大きく向上します。
ぜひ、お試しください。

幼児教育・保育英語検定
（略：幼保英語検定）とは

幼保英語検定は、幼稚園教諭及び保育士等幼児教育者のみならず、乳幼児保育に携わる方々が、幼稚園、こども園及び保育園等幼児教育施設等の乳幼児保育環境において、英語でのコミュニケーション力の習得状況を知り、さらに向上させることができる検定です。

乳幼児との会話、園内の教育・保育に焦点をあて、現場に即した実践英語を習得できることが大きな特色です。

園内教育・保育及び保護者との日常会話から連絡・交流に必要な題材まで、受検者の学習を考慮し工夫された内容になっており、楽しみながら知識を深められる構成となっています。「入門レベル」から責任者として活躍できる「専門レベル」までの５段階で構成されており、英語力の向上を実感できるだけではなく、資格を取得することで幼児教育、保育分野で幅広く活用でき、幼児教育、保育環境の国際的なグローバル化に対応できる実践的な英語力を段階に応じて有することが証明できます。

Level

4　第1回　問題(基礎編)

時間	筆記30分
問題数	30問(1問1点　30点満点)
解答	解答用紙(マークシート)に記入
注意事項	この問題の複製(コピー)転用を禁じます。また、この問題冊子もしくは全部を当機構の許可なく他に伝えたり、漏洩(インターネットや携帯サイト等に掲載することを含みます)することを禁じます。 ただし、解答用紙については本書より切り取り、コピーしてお使いください。

次の問 1 から問 5 までの下線の英単語の意味を表す最も適切なものを 1、2、3 の中から一つ選び、マーク欄の該当する番号を塗りつぶしなさい。

問 1　blanket
　　　1. バケツ
　　　2. 枕
　　　3. 毛布

問 2　sandbox
　　　1. ブランコ
　　　2. 砂場
　　　3. すべり台

問 3　What did you have for your dinner last night?
　　　1. 昨夜
　　　2. 今朝
　　　3. 昨日

問 4　I am sleepy. I want to take a nap.
　　　1. 昼寝
　　　2. 食事
　　　3. トイレ

問 5　Children are coming down the hallway.
　　　1. 廊下
　　　2. 柱
　　　3. 階段

次の問 6 から問 10 までの下線の日本語の意味を表す最も適切なものを 1、2、3 の中から一つ選び、マーク欄の該当する番号を塗りつぶしなさい。

問 6 <u>むせる</u>
1. chew
2. chalk
3. choke

問 7 <u>天気</u>
1. whether
2. weather
3. feather

問 8 靴下を<u>ぬぐ</u>
1. take off
2. put off
3. turn off

問 9 順番に<u>使う</u>
1. make
2. take
3. use

問 10 <u>絵本</u>を見ましょう
1. picture book
2. sketch book
3. drawing pad

次の問 11 から問 20 までの ( ) に入る最も適切なものを 1、2、3 の中から一つ選び、
マーク欄の該当する番号を塗りつぶしなさい。

問 11　園児：　Ms. Suzuki, I want to show you something.
　　　　　　　　（　　　　　）!
　　　　1. Come this way
　　　　2. You did it
　　　　3. Enjoy yourself

問 12　先生：　Careful with the （　　　　　）.
　　　　1. crayons
　　　　2. pencils
　　　　3. scissors

問 13　先生：　Here's your milk, Rika.
　　　　園児：　I don't （　　　　） milk.
　　　　1. eat
　　　　2. drink
　　　　3. have

問 14　先生：　Don't （　　　　） your stuff.
　　　　園児：　Okay!
　　　　1. take
　　　　2. go
　　　　3. forget

問 15　先生：　We are going to play soccer now! Who wants to join?
　　　　園児：　（　　　　）?
　　　　1. Can I join
　　　　2. Do I swing
　　　　3. Are you full

次の問 11 から問 20 までの ( ) に入る最も適切なものを 1、2、3 の中から一つ選び、マーク欄の該当する番号を塗りつぶしなさい。

問 16　園児：　Can I help, Ms. Suzuki?
　　　　先生：　Thank you, Rika. But (　　　　).
　　　　1. I'm hungry
　　　　2. I'm heavy
　　　　3. I'm okay

問 17　先生：　You look hot. Let's take your temperature.
　　　　　　　　Oh no, I think you have a (　　　　).
　　　　1. cold
　　　　2. headache
　　　　3. fever

問 18　園児 A：My (　　　　) to use the shovel, Rie.
　　　　園児 B: Okay, wait.
　　　　1. turn
　　　　2. share
　　　　3. rule

問 19　園児 A: Let's play (　　　　)!
　　　　園児 B : Yeah ! Let's!
　　　　1. others
　　　　2. together
　　　　3. another

問 20　園児：　Oh no! I made a mistake.
　　　　先生：　That's okay. You can use your eraser and (　　　　).
　　　　1. draw again
　　　　2. cut out the paper
　　　　3. count again

次の問 21 から問 30 までの日本文の意味を表すように単語を並び替えなさい。それぞれ、2 番目と 3 番目に
くる最も適切な組み合わせを 1、2、3 の中から一つ選び、マーク欄の該当する番号を塗りつぶしなさい。

問 21　できるわよ , タロウ君！
　　　① can　　　② it　　　③ You　　　④ do
　　　(　　　)(2 番目)(3 番目)(　　　), Taro!

　　　1.④-②　　　　　　2.①-④　　　　　　3.②-①

問 22　がんばったね。
　　　① a　　　② did　　　③ job　　　④ great
　　　You (　　　)(2 番目)(3 番目)(　　　).

　　　1.④-③　　　　　　2.②-③　　　　　　3.①-④

問 23　準備はできたかな？
　　　① you　　　② ready　　　③ Are
　　　(　　　)(2 番目)(3 番目).

　　　1.③-①　　　　　　2.①-②　　　　　　3.②-①

問 24　さあ、帰ろうね。
　　　① time　　　② back　　　③ go　　　④ to
　　　It's (　　　)(2 番目)(3 番目)(　　　).

　　　1.③-②　　　　　　2.①-④　　　　　　3.④-③

問 25　どれがいい？
　　　① do　　　② you　　　③ one　　　④ want
　　　Which (　　　)(2 番目)(3 番目)(　　　)?

　　　1.①-②　　　　　　2.②-④　　　　　　3.④-②

次の問21から問30までの日本文の意味を表すように単語を並び替えなさい。それぞれ、2番目と3番目にくる最も適切な組み合わせを1、2、3の中から一つ選び、マーク欄の該当する番号を塗りつぶしなさい。

問26　下着を替えましょう。
① your　　② underwear　③ change　　④ Let's
（　　）（2番目）（3番目）（　　）.

1.①-②　　　　2.②-③　　　　3.③-①

問27　動物園に行きたい？
① you　　② go　　③ want　　④ to　　⑤ Do
（　　）（2番目）（3番目）（　　）（　　）to the zoo?

1.①-③　　　　2.②-③　　　　3.④-①

問28　こっちにそれ投げてね。
① please　② to　　③ Throw　④ me　　⑤ it
（　　）（2番目）（3番目）（　　）,（　　）.

1.⑤-②　　　　2.②-④　　　　3.①-④

問29　トイレ、行きたい？
① to　　② bathroom　③ Want　④ go　　⑤ the　　⑥ to
（　　）（2番目）（3番目）（　　）（　　）?

1.④-⑤　　　　2.⑤-②　　　　3.⑥-④

問30　いい子ね、片付けたのね！
① boy　　② cleaned　③ you　　④ Good　　⑤ up
（　　）（2番目）,（3番目）（　　）（　　）!

1.①-②　　　　2.①-③　　　　3.③-①

第2回　問題(基礎編)

時間	筆記30分
問題数	30問(1問1点　30点満点)
解答	解答用紙(マークシート)に記入
注意事項	この問題の複製(コピー)転用を禁じます。また、この問題冊子もしくは全部を当機構の許可なく他に伝えたり、漏洩(インターネットや携帯サイト等に掲載することを含みます)することを禁じます。 ただし、解答用紙については本書より切り取り、コピーしてお使いください。

次の問１から問５までの下線の英単語の意味を表す最も適切なものを１、２、３の中から一つ選び、マーク欄の該当する番号を塗りつぶしなさい。

問1　<u>share</u>
　　　1. 借りる
　　　2. 一緒に使う
　　　3. 参加する

問2　<u>blocks</u>
　　　1. 積み木
　　　2. 石
　　　3. 粘土

問3　<u>Clap</u> to the rhythm of the song.
　　　1. 踊る
　　　2. 足を踏む
　　　3. 手を叩く

問4　Everyone needs to take <u>turns</u>.
　　　1. 順番
　　　2. 回る
　　　3. 列

問5　Tonight I'm going to visit my <u>uncle</u>.
　　　1. おばさん
　　　2. いとこ
　　　3. おじさん

次の問 6 から問 10 までの下線の英語の意味を表す最も適切なものを 1、2、3 の中から一つ選び、マーク欄の該当する番号を塗りつぶしなさい。

問 6 　puppy
1. 子犬
2. 子猫
3. 子馬

問 7 　count
1. 数字
2. 数える
3. 人数

問 8 　I feel sleepy.
1. 嬉しい
2. 眠い
3. 元気

問 9 　Don't push other children.
1. 押す
2. 引っ張る
3. つねる

問 10 　Taro burped after eating lunch.
1. おしっこをした
2. オナラをした
3. ゲップをした

次の問 11 から問 20 までの（ ）に入る最も適切なものを 1、2、3 の中から一つ選び、
マーク欄の該当する番号を塗りつぶしなさい。

問 11　園児：　（　　　　）!

　　　　先生：　Have a good evening!

　　　　1. See you tomorrow

　　　　2. Good afternoon

　　　　3. How are you

問 12　先生：　（　　　　）! Scissors are dangerous.

　　　　園児：　I will.

　　　　1. Good job

　　　　2. Be careful

　　　　3. Clean up

問 13　園児：　My (　　　　) hurts!

　　　　先生：　Have some water. It will help your stomachache.

　　　　1. tummy

　　　　2. throat

　　　　3. thumb

問 14　先生：　Here is your (　　　　) to take home.

　　　　園児：　Thank you. I want to show mommy the picture I drew.

　　　　1. bags

　　　　2. forget

　　　　3. stuff

問 15　先生：　（　　　　）your hand if you want to play soccer.

　　　　園児：　I do!

　　　　1. Up

　　　　2. Raise

　　　　3. Give

次の問 11 から問 20 までの ( ) に入る最も適切なものを 1、2、3 の中から一つ選び、
マーク欄の該当する番号を塗りつぶしなさい。

問 16　園児：　Hooray! It's (　　　　)!

先生：　Yes, it is.Can you help me carry the food?

1. time to nap
2. snack time
3. recess

問 17　園児：　I caught a cold. I want to lay down.

先生：　OK. You should go to the nurse's office and take your (　　　　).

1. fever
2. bandages
3. temperature

問 18　園児 A：Let's (　　　　) a sandcastle!

園児 B: That sounds fun!

1. make
2. made
3. makes

問 19　園児 A: We need to (　　　　) hands when we walk in the park.

園児 B：We can go together!

1. hold
2. squeeze
3. feel

問 20　園児：　Can you help me (　　　　) this picture?

先生：　Sure!

1. crayon
2. color
3. drawing

次の問 21 から問 30 までの日本文の意味を表すように単語を並び替えなさい。それぞれ、2 番目と 3 番目に
くる最も適切な組み合わせを 1、2、3 の中から一つ選び、マーク欄の該当する番号を塗りつぶしなさい。

問 21　仲良くしてね！
　　　　① each　　　② nice　　　③ other　　　④ to
　　　　Be (　　　)（2 番目）（3 番目）(　　　)！

　　　　1.②-③　　　　　　　2.③-④　　　　　　　3.④-①

問 22　帽子をかぶりましょう。
　　　　① our　　　② put　　　③ Let's　　　④ hats
　　　　(　　　)（2 番目）（3 番目）(　　　).

　　　　1.②-①　　　　　　　2.①-④　　　　　　　3.④-②

問 23　おうちに帰る時間だよ。
　　　　① home　　　② time　　　③ go　　　④ to
　　　　It's (　　　)（2 番目）（3 番目）(　　　).

　　　　1.①-②　　　　　　　2.③-④　　　　　　　3.④-③

問 24　布団を出して。
　　　　① bedding　　② Take　　③ your　　④ out
　　　　(　　　)（2 番目）（3 番目）(　　　).

　　　　1.②-①　　　　　　　2.④-③　　　　　　　3.①-④

問 25　どっちがほしい？
　　　　① one　　　② you　　　③ do　　　④ want
　　　　Which (　　　)（2 番目）（3 番目）(　　　)？

　　　　1.③-②　　　　　　　2.②-④　　　　　　　3.②-③

次の問 21 から問 30 までの日本文の意味を表すように単語を並び替えなさい。それぞれ、2 番目と 3 番目に
くる最も適切な組み合わせを 1、2、3 の中から一つ選び、マーク欄の該当する番号を塗りつぶしなさい。

問 26 もっとお水がほしい。

① more   ② want   ③ I   ④ water

(   )(2 番目)(3 番目)(   ).

1.①-④   2.②-④   3.②-①

問 27 10 まで数えられるかな？

① to   ② you   ③ ten   ④ count

Can (   )(2 番目)(3 番目)(   )?

1.①-③   2.④-①   3.①-④

問 28 そのシャベルを使いたい。

① the shovel   ② to   ③ use   ④ want

I (   )(2 番目)(3 番目)(   ).

1.③-②   2.①-③   3.②-③

問 29 私は、妹がいます。

① sister   ② younger   ③ a   ④ have

I (   )(2 番目)(3 番目)(   ).

1.①-④   2.③-②   3.②-①

問 30 私の手が汚れている。

① hands   ② are   ③ my   ④ dirty

(   )(2 番目),(3 番目)(   ).

1.③-①   2.④-①   3.①-②

Level
4

第3回　問題

時間　　　筆記50分

問題数　　40問（1問1点　40点満点）

解答　　　解答用紙（マークシート）に記入

注意事項　この問題の複製（コピー）転用を禁じます。また、この問題冊子もしくは全部を当機構の許可なく他に伝えたり、漏洩（インターネットや携帯サイト等に掲載することを含みます）することを禁じます。

　　　　　ただし、解答用紙については本書より切り取り、コピーしてお使いください。

次の問 1 から問 5 までの ( ) に入れる最も適切なものを 1、2、3、4 の中から一つ選び、
マーク欄の該当する番号を塗りつぶしなさい。

問 1　僕、一人でスモック着れるよ！
　　　I can wear my smock (　　　) myself!

　　　1. on　　　　　　　2. by　　　　　　　3. in　　　　　　　4. to

問 2　もうこれ以上、描くところがないよ。
　　　There is (　　　) place to draw anymore.

　　　1. nothing　　　　2. none　　　　　　3. some　　　　　　4. no

問 3　リエちゃんはスポーツが得意なの。とっても早く走れるの！
　　　Rie is very good at sports. She can (　　　) very fast!

　　　1. ran　　　　　　2. run　　　　　　　3. running　　　　　4. quickly

問 4　傘を忘れないでね。今日はたくさん雨が降ってるわ。
　　　(　　　) forget your umbrella. It's very rainy today.

　　　1. Don't　　　　　2. Doesn't　　　　　3. Didn't　　　　　4. Isn't

問 5　僕、とっても退屈だよ！
　　　I'm so (　　　)!

　　　1. tired　　　　　　2. sleepy　　　　　3. bored　　　　　　4. lonely

Level

4

次の問 6 から問 10 までの下線の英語の意味を表す最も適切なものを 1、2、3 の中から一つ選び、マーク欄の該当する番号を塗りつぶしなさい。

問 6   I can't hear you very well. Please close the door. It's very <u>noisy</u> outside.

1. うるさい   2. 汚い   3. 寒い   4. 静か

問 7   Don't forget to wash your hands <u>after</u> you play outside.

1. 上に   2. 横に   3. 後に   4. 前に

問 8   This shirt is too small. May I have a <u>larger</u> one please?

1. さらに優しい   2. さらに大きい   3. さらにきれい   4. さらに柔らかい

問 9   Taro still has a high fever and he can't play together <u>yet</u>.

1. すでに   2. かつて   3. ちょうど   4. まだ

問 10   A: Which animal does NOT have four <u>legs</u>?
         B: Monkey!

1. あし   2. 指   3. 膝   4. 眉毛

次の問 11 から問 20 までの（ ）に入れる最も適切なものを 1、2、3、4 の中から一つ選び、
マーク欄の該当する番号を塗りつぶしなさい。

問 11　A:　　How many students are in your class Mrs. Tanaka?
　　　　B:　　Not very many, there are only about (　　　　) students. It's a small class.

　　　　1. twelve　　　　　　2. twenty　　　　　　3. seventy　　　　　4. fifty

問 12　A:　　Mr.Suzuki, I can't find my (　　　　). Have you seen them?
　　　　B:　　No, I haven't. Are they in the other room?
　　　　A:　　No, I already looked there.
　　　　B:　　Are they in your backpack?
　　　　A:　　Oh yes. Here they are.

　　　　1. pencil　　　　　　2. crayons　　　　　　3. handkerchief　　　4. eraser

問 13　A:　　Mrs. Ito, can we go to the playground after lunch?
　　　　B:　　Of course we can Naomi. What would you like to do at the playground?
　　　　A:　　I want to climb up the (　　　　) with Kimi.

　　　　1. sandbox　　　　　2. jungle gym　　　　　3. swing　　　　　4. seesaw

問 14　A:　　Now we will have our arts and crafts time so everyone please take
　　　　　　　one piece of paper and put it on your desk.
　　　　B:　　What should we do next Mrs.Sato?
　　　　A:　　Next we will (　　　　) the paper so every one pick up your scissors.

　　　　1. paste　　　　　　2. fold　　　　　　3. cut　　　　　　4. glue

問 15　A:　　Now let's look at the calendar and talk about the months of the year.
　　　　　　　What is your favorite month of the year Ken?
　　　　B:　　I like (　　　　) in Japan.
　　　　A:　　Why?
　　　　B:　　Because it's warm and we can go swimming in the sea.

　　　　1. January　　　　　2. December　　　　　3. August　　　　　4. February

　　　無断転載・複写を禁じます

次の問 11 から問 20 までの（ ）に入れる最も適切なものを 1、2、3、4 の中から一つ選び、
マーク欄の該当する番号を塗りつぶしなさい。

問 16　A:　OK everyone, I hope you enjoyed drawing your pictures.
　　　　　　Please stop coloring now.
　　　　B:　What should we do with our pictures Mrs.Watanabe?
　　　　A:　Let's (　　　　) on the wall for everyone to see.

　　　　1. throw them away　　2. hang them up　　　3. put them down　　　4. tear them up

問 17　A:　It's ten o'clock but I am very hungry Mr. Tanabe.
　　　　　　What time can we eat our meal?
　　　　B:　The same time as always Shiho, at twelve o'clock.
　　　　　　Why are you so hungry already?
　　　　A:　Because I didn't eat (　　　　) this morning.

　　　　1. dinner　　　　　　2. lunch　　　　　　3. breakfast　　　　4. supper

問 18　A:　Takuma can't do any writing today.
　　　　B:　Why not? Is he ok?
　　　　A:　He is ok but he can't hold a pencil because he had an accident and
　　　　　　cut his (　　　　) very badly.

　　　　1. foot　　　　　　2. finger　　　　　　3. leg　　　　　　4. elbow

問 19　A:　I'm a little nervous about our school trip tomorrow Mrs. Kobayashi.
　　　　B:　Why do you (　　　　) that way? I am not nervous at all.

　　　　1. use　　　　　　2. count　　　　　　3. move　　　　　　4. feel

問 20　A:　I am a new teacher at this preschool and this trip will be the first
　　　　　　time for me to go anywhere outside the school with my students.
　　　　B:　(　　　　). You won't be alone. I will be there to help you.
　　　　　　The principal and some parents will be coming too.

　　　　1. You're welcome　　2. I'm sorry　　　3. Don't worry　　　4. Never mind

次の問 21 から問 25 までの最も適切なものを 1、2、3、4 の中から一つ選び、
マーク欄の該当する番号を塗りつぶしなさい。

問 21 Which season has flowers blooming, a spring break and weather that is slowly becoming warmer?
1. Winter
2. Spring
3. Summer
4. Fall

問 22 What is the best thing to say when you meet someone for the first time?
1. See you next time.
2. It's nice to meet you.
3. Long time no see.
4. How have you been?

問 23 Which of the following should children NOT wear on their feet?
1. socks
2. shoes
3. gloves
4. slippers

問 24 When we want children to take a seat, we ask them to (   ).
1. rest
2. sleep
3. care
4. sit

問 25 If we want to borrow something from a friend, we should ask (   ).
1. quietly
2. firmly
3. strongly
4. nicely

次の問 26 から問 30 までの日本文の意味を表すように単語を並び替えなさい。それぞれ、2 番目と 3 番目にくる最も適切な組み合わせを 1、2、3 の中から一つ選び、マーク欄の該当する番号を塗りつぶしなさい。

※ただし、文頭に来る単語も小文字になっています。

問 26　手を洗うのを忘れないようにね。

① forget　　② wash　　③ hands　　④ don't　　⑤ to　　⑥ your

(　　　)(2 番目)(3 番目)(　　　)(　　　)(　　　).

1.②-③　　　　2.①-⑤　　　　3.②-⑥　　　　4.①-②

問 27　去年は大雪だったね。

① snow　　② winter　　③ a lot of　　④ had　　⑤ we　　⑥ last

(　　　)(2 番目)(3 番目)(　　　)(　　　)(　　　).

1.④-①　　　　2.⑥-②　　　　3.④-③　　　　4.⑤-①

問 28　手の中に何が入っていると思う？

①I　　② do　　③ what　　④ think　　⑤ have　　⑥ you

(　　　)(2 番目)(3 番目)(　　　)(　　　)(　　　) in my hand?

1.②-⑥　　　　2.①-②　　　　3.⑥-④　　　　4.③-②

問 29　私ね彼にクッキー少し残しておいたの！

① for　　② some　　③ left　　④ cookies　　⑤ him　　⑥I

(　　　)(2 番目)(3 番目)(　　　)(　　　)(　　　)!

1.①-⑤　　　　2.⑤-①　　　　3.②-④　　　　4.③-②

問 30　何人かの子どもたちがこのピアノのクラスを選びました。

① chesen　　② a　　③ children　　④ number　　⑤ of　　⑥ have

(　　　)(2 番目)(3 番目)(　　　)(　　　)(　　　) this piano class.

1.①-⑥　　　　2.④-⑤　　　　3.⑥-②　　　　4.⑤-③

次の英文の内容に関して、問 31 から問 40 までの質問に対する答えとして最も適切なものを
1、2、3、4 の中から一つ選び、マーク欄の該当する番号を塗りつぶしなさい。

Dialogue A

Ms. Suzuki：	OK everyone, I will read a book to you now so please come over here and sit down.
Taro：	What book will you read for us today Ms. Suzuki?
Ms. Suzuki：	I will read "The Hungry Caterpillar".
Taro：	Oh I love that one! But "Goodnight Moon" is my (②) book.
Ms. Suzuki：	We read ③ that one yesterday Taro. We can read it (④) next month.
Taro：	OK.
Ms. Suzuki：	Tomorrow we will read "The Three Little Pigs".

問 31　スズキ先生は園児に何をするように言いましたか？

1. stand up　　　　2. be quiet　　　　3. sing a song　　　　4. sit down

問 32　（ ② ）に入る最も適切なものを選びなさい。

1. like　　　　2. favorite　　　　3. message　　　　4. drawing

問 33　下線部③ that one は何を指しますか？最も適切なものを選びなさい。

1. Goodnight Moon　　　　　　　　2. The Hungry Caterpillar
3. The Three Little Pigs　　　　　　4. Ms. Suzuki

問 34　会話の流れから（ ④ ）に入る最も適切なものを選びなさい。

1. since　　　　2. already　　　　3. yet　　　　4. again

問 35　会話の内容から今は何の活動時間だと推測しますか？最も適切なものを選びなさい。

1. Nap Time　　　　2. Lunch Time　　　　3. Story Time　　　　4. Music Time

次の英文の内容に関して、問 31 から問 40 までの質問に対する答えとして最も適切なものを
1、2、3、4 の中から一つ選び、マーク欄の該当する番号を塗りつぶしなさい。

Dialogue B

Mrs. Tanaka : Good afternoon Ms. Kimura and thank you for staying late after school with my child today. I'm sorry I am late. There was a lot of traffic because of the rainy weather.

Ms. Kimura : That's ok. Our day is finished at 3:30 and you are only fifteen minutes late.

Mrs. Tanaka : Thank you. How was he today?

Ms. Suzuki : Well, actually his head feels a little hot. I think he might have a fever. He was also coughing a lot today. You should probably take him to see a (①) tonight.

Mrs. Tanaka : (②). I will take him to the hospital right now.

問 36　この会話からどのような状況が推測できますか？最も適切なものを選びなさい。

　　　1. A mother is picking up her daughter after school.

　　　2. A mother is dropping off her daughter at school.

　　　3. A mother is picking up her son after school.

　　　4. A mother is dropping off her son at school.

問 37　会話の流れからなぜお母さんの田中さんは遅くなってしまったのですか？
　　　最も適切なものを選びなさい。

　　　1. 寝坊したから　　　2. 忘れたから　　　3. 渋滞していたから　　4. 車が盗まれたから

問 38　お母さんの田中さんは園に何時に到着しましたか？最も適切なものを選びなさい。

　　　1. 3:30　　　　　　2. 3:45　　　　　　3. 4:00　　　　　　4. 4:15

問 39　会話の流れから、（ ① ）に入る最も適切なものを選びなさい。

　　　1. teacher　　　　　2. dentist　　　　　3. doctor　　　　　4. police officer

問 40　会話の中から（ ② ）に入る最も適切なものを選びなさい。

　　　1. Ok thank you　　2. I apologize　　　3. Excuse me　　　4. You're welcome

Level
4

第4回　問題

時間　　　筆記50分

問題数　　40問（1問1点　40点満点）

解答　　　解答用紙（マークシート）に記入

注意事項　この問題の複製（コピー）転用を禁じます。また、この問題冊子
　　　　　もしくは全部を当機構の許可なく他に伝えたり、漏洩（インタ
　　　　　ーネットや携帯サイト等に掲載することを含みます）すること
　　　　　を禁じます。

　　　　　ただし、解答用紙については本書より切り取り、コピーしてお
　　　　　使いください。

次の問 1 から問 5 までの ( ) に入れる最も適切なものを 1、2、3、4 の中から一つ選び、マーク欄の該当する番号を塗りつぶしなさい。

問 1　今日は、お父さんが園まで連れて行ってくれた。
My father took me (　　　　) school today.

1. at　　　　　2. from　　　　　3. in　　　　　4. to

問 2　汗をかいちゃった！
I'm so (　) !

1. sweat　　　　　2. sweaty　　　　　3. sweated　　　　　4. sweating

問 3　雨で靴がぬれたから乾かしているんだ。
My shoes got wet from the rain, so I'm drying (　　　　).

1. it　　　　　2. them　　　　　3. they　　　　4. this

問 4　心配しないで！気をつけて、はさみで切るからさ。
Don't worry! I will be (　　　　) with the scissors.

1. careful　　　　　2. skillful　　　　　3. helpful　　　　　4. harmful

問 5　明日は園の初日だ。
Tomorrow is the (　　　　) day of school.

1. beginning　　　　　2. first　　　　　3. open　　　　　4. start

次の問 6 から問 10 までの下線の英語の意味を表す最も適切なものを 1、2、3 の中から一つ選び、マーク欄の該当する番号を塗りつぶしなさい。

問 6　A:　　Did you wash your hands at the <u>sink</u>?
　　　B:　　Yes, Ms.Suzuki. My hands are clean now!

　　　1. 石鹸　　　　　　2. 流し台　　　　　　3. 台所　　　　　　4. 噴水

問 7　The kids want to play in the <u>sandbox</u>.

　　　1. 滑り台　　　　　2. 砂場　　　　　　3. ブランコ　　　　　4. 鉄棒

問 8　After playing all morning, the children were very <u>thirsty</u>.

　　　1. お腹が空いた　　2. 目がかゆい　　　3. 頭が痛い　　　　4. 喉が乾いた

問 9　Taro needs to <u>put on</u> his pajamas.

　　　1. 脱ぐ　　　　　　2. 持って帰る　　　3. 着る　　　　　　4. 寝る

問 10　The room was so <u>dirty</u> after the cooking lesson.

　　　1. 汚い　　　　　　2. 臭い　　　　　　3. 美味しい　　　　4. しょっぱい

次の問 11 から問 20 までの ( ) に入れる最も適切なものを 1、2、3、4 の中から一つ選び、
マーク欄の該当する番号を塗りつぶしなさい。

問 11　A:　　Make sure to (　　　　) the toilet after you use it.
　　　　B:　　Sorry. I will remember next time.

　　　　1. flush　　　　　　2. water　　　　　　3. push　　　　　　4. show

問 12　A:　　The children have really enjoyed your lesson today.
　　　　B:　　Yes, it was very fun.
　　　　A:　　I think they are very tired now.
　　　　B:　　You're right. They should take a (　　　　) soon.

　　　　1. sleep　　　　　　2. bed　　　　　　3. nap　　　　　　4. lay down

問 13　A:　　Mrs. Tanaka, (　　　　) are the crayons?
　　　　B:　　They are in the box on my desk. Let me get them for you.

　　　　1. where　　　　　　2. what　　　　　　3. place　　　　　　4. color

問 14　A:　　What is the plan for tomorrow morning?
　　　　B:　　We need to (　　　　) our song for the parents' meeting this weekend.

　　　　1. clean　　　　　　2. practice　　　　　　3. join　　　　　　4. greet

問 15　A:　　Taro, you really enjoyed our special guest today.
　　　　B:　　Yes, he was so (　　　　). I couldn't stop laughing.

　　　　1. exciting　　　　　　2. enjoy　　　　　　3. funny　　　　　　4. mean

次の問 11 から問 20 までの（ ）に入れる最も適切なものを 1、2、3、4 の中から一つ選び、マーク欄の該当する番号を塗りつぶしなさい。

問 16　A:　I hope you have a great time visiting your grandmother this summer.

　　　　B:　Oh, I will. I can't (　　　　) to see her again.

　　　　A:　Have a safe trip. See you next week!

　　　　1. meet　　　　2. travel　　　　3. care　　　　4. wait

問 17　A:　Rie, your face is very red and your forehead is hot!
　　　　　　Do you have a (　　　　)?

　　　　B:　I don't know. I don't feel well.

　　　　A:　I will take you to the nurse's office.

　　　　1. allergy　　　　2. fever　　　　3. pain　　　　4. sick

問 18　A:　Can you bring an extra (　　　　)? Taro has been getting cold
　　　　　　when he sleeps.

　　　　B:　Sure. I'll make sure to bring one.

　　　　1. pajamas　　　　2. jacket　　　　3. blanket　　　　4. pillow

問 19　A:　I want to (　　　　) a picture of a dog!

　　　　B:　That's a great idea! Can you get a pencil?

　　　　A:　I already have one!

　　　　1. paint　　　　2. sculpt　　　　3. write　　　　4. draw

問 20　A:　Ouch! I cut my finger!

　　　　B:　Oh, no! Make sure to wash the (　　　　) off before putting
　　　　　　a bandage on it.

　　　　1. blood　　　　2. injure　　　　3. scissors　　　　4. hand

　　　無断転載・複写を禁じます

次の問 21 から問 25 までに合う最も適切なものを 1、2、3、4 の中から一つ選び、
マーク欄の該当する番号を塗りつぶしなさい。

問 21　What is another word for a person's brothers and sisters?

　　　1. parents 　　　 2. cousins 　　　 3. siblings 　　　 4. descendants

問 22　What do we do before a meal?

　　　1. set the table 　　 2. brush our teeth 　 3. make the table 　 4. clear the dishes

問 23　What is NOT one of the five senses?

　　　1. touching 　　　 2. tasting 　　　 3. speaking 　　　 4. hearing

問 24　What should we say to make children less noisy?

　　　1. Take care! 　　　 2. Quiet, please! 　　 3. Hold up! 　　　 4. Amazing!

問 25　A (　　　　) is often blown to start a race on field day.

　　　1. bell 　　　 2. trumpet 　　　 3. applause 　　　 4. whistle

次の問 26 から問 30 までの日本文の意味を表すように単語を並び替えなさい。それぞれ、2 番目と 3 番目に
くる最も適切な組み合わせを 1、2、3 の中から一つ選び、マーク欄の該当する番号を塗りつぶしなさい。

※ただし、文頭に来る単語も小文字になっています。

問 26 あなたに会うのを楽しみにしている。

① meeting　② forward　③ looking　④ to　⑤ you　⑥ am

I (　　　) (2 番目) (3 番目) (　　　) (　　　) (　　　).

1.⑤-④　　　　　2.⑥-①　　　　　3.③-②　　　　　4.⑤-②

問 27 赤い帽子を持って来るのを忘れないでください。

① hat　② red　③ your　④ remember　⑤ to　⑥ bring

Please (　　　) (2 番目) (3 番目) (　　　) (　　　) (　　　).

1.③-①　　　　　2.⑥-③　　　　　3.②-④　　　　　4.⑤-⑥

問 28 僕たちはチョコレートケーキをつくる。

① chocolate　② cake　③ we　④ a　⑤ make　⑥ will

(　　　) (2 番目) (3 番目) (　　　) (　　　) (　　　).

1.⑥-⑤　　　　　2.②-③　　　　　3.①-②　　　　　4.⑤-③

問 29 靴をどこに置いたか？

① you　② where　③ your　④ did　⑤ shoes　⑥ put

(　　　) (2 番目) (3 番目) (　　　) (　　　) (　　　)?

1.①-⑥　　　　　2.⑥-③　　　　　3.④-①　　　　　4.④-⑥

問 30 お母さんがお仕事に行く。

① is　② mother　③ work　④ your　⑤ going　⑥ to

(　　　) (2 番目) (3 番目) (　　　) (　　　) (　　　).

1.①-④　　　　　2.③-④　　　　　3.②-⑤　　　　　4.②-①

次の英文の内容に関して、問 31 から問 40 までの質問に対する答えとして最も適切なものを
1、2、3、4 の中から一つ選び、マーク欄の該当する番号を塗りつぶしなさい。

Dialogue A

Ms. Suzuki： Today we're going to draw a picture of our family for Father's Day.

Taro： Can I draw my grandma in the picture too?

Ms. Suzuki： Sure, you can. She was nice to ①lend us a hand with our craft
activity last week.

Taro： I think she will be (②) that I drew her in the picture.

Ms. Suzuki： Yes, she will be very happy, but remember, this picture is for your
father.

Taro： Of course! I will put it in an envelope and give it to him with a
present on Sunday morning.

問 31 スズキ先生は誰の絵を書くように言いましたか？最も適切なものを選びなさい。

1. grandmother 2. father 3. family 4. teacher

問 32 下線部①lend us a hand の意味として最も適切なものを選びなさい。

1. 手伝う 2. 料理する 3. 教える 4. 作る

問 33 対話の内容から、(②)に入る最も適切なものを選びなさい。

1. angry 2. frustrated 3. like 4. glad

問 34 タロウ君は描いた絵を誰にあげる予定ですか？最も適切なものを選びなさい。

1. スズキ先生 2. お父さん 3. おばあちゃん 4. お母さん

問 35 タロウ君は描いた絵をあげる前に、絵を何に入れますか？最も適切なものを選びなさい。

1. 箱 2. カード 3. 封筒 4. プレゼント

Level 4

次の英文の内容に関して、問 31 から問 40 までの質問に対する答えとして最も適切なものを
1、2、3、4 の中から一つ選び、マーク欄の該当する番号を塗りつぶしなさい。

Dialogue B

Rie : Ms. Suzuki, I don't feel very well.

Ms. Suzuki : ①What's wrong, Rie? Can you tell me where it (②)?

Rie : It's my tummy. It feels funny.

Ms. Suzuki : OK. We should go inside and you can lay down. If it gets worse, we can call your mother to pick you up and take you home.

Rie : I hope I'm not sick. If I'm sick, I can't play in the pool today.

Ms. Suzuki : Just relax for a little and we'll see how you feel later.

問 36 リエちゃんの問題はなんですか？

1. プールで泳げない 2. 中に入りたい 3. 怪我をした 4. 具合が悪い

問 37 下線部①What's wrong の意味として最も適切なものを選びなさい。

1. どうしたの 2. 問題を起こしたの 3. かわいそうだ 4. 何の失敗があるの

問 38 （②）に入る最も適切なものを選びなさい。

1. hurts 2. pains 3. feels 4. points

問 39 リエちゃんは、体のどこが痛いですか？

1. head 2. throat 3. stomach 4. back

問 40 これからリエちゃんは何をしますか？

1. 病院に行く 2. プールに入る 3. 横になる 4. 家に帰る

第5回　問題

時間	筆記50分
問題数	40問（1問1点　40点満点）
解答	解答用紙（マークシート）に記入

注意事項　この問題の複製（コピー）転用を禁じます。また、この問題冊子もしくは全部を当機構の許可なく他に伝えたり、漏洩（インターネットや携帯サイト等に掲載することを含みます）することを禁じます。

ただし、解答用紙については本書より切り取り、コピーしてお使いください。

Level

4

次の問 1 から問 5 までの下線部に入る最も適切なものを 1、2、3、4 の中から一つ選び、マーク欄の該当する番号を塗りつぶしなさい。

問 1　本を本棚に戻してください。
　　　Please _____ your books back on the shelf.

　　　1. put　　　　　　　2. take　　　　　　3. left　　　　　　4. release

問 2　ブランコで遊ぼう！
　　　Let's play on the _____!

　　　1. slide　　　　　　2. maze　　　　　　3. swing　　　　　4. tag

問 3　お母さんが靴の結び方を教えてくれた。
　　　My mother _____ me to tie my shoes.

　　　1. teach　　　　　　2. teaches　　　　　3. taught　　　　　4. teaching

問 4　お片付けを手伝ってくれる？
　　　_____ help me to clean up?

　　　1. May you　　　　　2. Can I　　　　　　3. Can you　　　　　4. You will

問 5　外は眩しいから帽子をかぶってね。
　　　Wear your hat because it's very _____ outside.

　　　1. bright　　　　　　2. light　　　　　　3. sun　　　　　　4. shiny

次の問 6 から問 10 までの下線部の英語に合うように最も適切なものを 1、2、3、4 の中から一つ選び、マーク欄の該当する番号を塗りつぶしなさい。

問 6　Taro <u>wiped</u> his hands on his jeans after washing them.

　　　1. 洗った　　　　　2. 拭いた　　　　　3. 握った　　　　　4. 取った

問 7　The door needs to be <u>shut</u> in the winter.

　　　1. 開ける　　　　　2. 押す　　　　　3. 消す　　　　　4. 閉める

問 8　The <u>second</u> group can eat after everyone sits down.

　　　1. 秒　　　　　2. 二番目　　　　　3. 次　　　　　4. 最後

問 9　After lunch, we are going to play <u>tag</u>!

　　　1. 鬼ごっこ
　　　2. かくれんぼ
　　　3. 凧揚げ
　　　4. だるまさんがころんだ

問 10　Taro <u>swallowed</u> a lot of water when he got in the pool.

　　　1. 掛けた　　　　　2. 沈んだ　　　　　3. 吐き出した　　　　　4. 飲み込んだ

次の問 11 から問 20 までの下線部に入る最も適切なものを 1、2、3、4 の中から一つ選び、マーク欄の該当する番号を塗りつぶしなさい。

問 11　A:　Can you measure this with a _____?

　　　　B:　OK. It's 6 centimeters.

　　　　1. scissors　　　　2. ruler　　　　3. compass　　　　4. ladder

問 12　A:　Ms. Suzuki! Kotone _____ in line!

　　　　B:　Kotone, you need to go to the back of the line. Rie was here first.

　　　　1. cut　　　　2. jump　　　　3. enter　　　　4. wait

問 13　A:　Today we are going to _____ pictures for Mother's Day with crayons.

　　　　B:　My mom will be so happy to see my picture.

　　　　1. write　　　　2. paint　　　　3. draw　　　　4. take

問 14　A:　It's starting to rain!

　　　　B:　_____. I have an umbrella you can use.

　　　　1. Don't worry　　2. You're welcome　　3. Don't push　　4. Thank you

問 15　A:　Mr. Minamata, the children are ready for you to_____ the morning message.

　　　　B:　OK. I'll be there right away.

　　　　1. show　　　　2. repeat　　　　3. shout　　　　4. deliver

次の問 11 から問 20 までの下線部に入る最も適切なものを 1、2、3、4 の中から一つ選び、マーク欄の該当する番号を塗りつぶしなさい。

問 16　A:　Starting next week, the children will have pool time _____ a week.

　　　　B:　Thanks for letting me know. Rie needs a new swimming suit.

　　　　1. often　　　　　　2. two　　　　　　　3. three times　　　　4. two day

問 17　A:　Playtime is over. We need to _____ to the classroom.

　　　　B:　I played in the sandbox, so I need to wash my hands first.

　　　　A:　OK, but hurry up.

　　　　1. clean off　　　　2. get out　　　　　3. go back　　　　　4. finish up

問 18　A:　Taro, you need to _____ to Rie. We don't kick our friends.

　　　　B:　I'm sorry for kicking you, Rie.

　　　　C:　It really hurts. Don't do it again.

　　　　1. apologize　　　　2. correct　　　　　3. sorry　　　　　　4. shame

問 19　A:　Please come up _____ and get a sheet of paper so we can do origami.

　　　　B:　Ms.Suzuki, you gave me two sheets.

　　　　A:　Thanks for telling me. Please give one back to me.

　　　　1. one at a time　　2. for waiting　　　3. line over　　　　4. only one

問 20　A:　It's really cold outside. Make sure to wear warm clothes.

　　　　B:　Today I brought my gloves and _____ so I am really warm.

　　　　1. umbrella　　　　2. scarf　　　　　　3. smock　　　　　　4. diaper

次の問 21 から問 25 までの質問の答えに合う最も適切なものを 1、2、3、4 の中から一つ選び、マーク欄の該当する番号を塗りつぶしなさい。

問 21　What is the name of the area where children play outside at school?
1. field
2. cafeteria
3. playground
4. jungle gym

問 22　What is something a child would say before drinking water?
1. I'm ready to start.
2. I have my chopsticks ready.
3. Today is chilly.
4. I'm really thirsty.

問 23　Which of the following would NOT be found in the stationery section?
1. a stapler
2. a box of bandages
3. a stack of envelopes
4. a tube of glue

問 24　Where would you take children to study about history on a field trip?
1. an aquarium
2. a museum
3. a factory
4. a dairy

問 25　Who is the main person in charge of a pre-school?
1. the counselor
2. the nursery
3. the principal
4. the supervisor

次の問 26 から問 30 までの日本文の意味を表すように単語を並び替えなさい。それぞれ、2 番目と 3 番目にくる最も適切な組み合わせを 1、2、3 の中から一つ選び、マーク欄の該当する番号を塗りつぶしなさい。

※ただし、文頭に来る単語も小文字になっています。

問 26　お昼を全部食べてなくてはダメですよね。

① all of　　② eat　　③ need　　④ lunch　　⑤ to　　⑥ your

You (　　)(2 番目)(3 番目)(　　)(　　)(　　).

1.①-⑥　　　2.④-⑤　　　3.⑥-④　　　4.⑤-②

問 27　今日、種を植えますよ。

① to　　② seeds　　③ going　　④ plant　　⑤ are　　⑥ we

Today (　　)(2 番目)(3 番目)(　　)(　　)(　　).

1.③-①　　　2.⑤-③　　　3.④-②　　　4.⑤-④

問 28　もっと上手にできると思うわよ。

① can　　② you　　③ better　　④ it　　⑤ think　　⑥ do

I (　　)(2 番目)(3 番目)(　　)(　　)(　　).

1.②-①　　　2.②-③　　　3.③-⑥　　　4.④-①

問 29　滑り台が、かなりぬれています。

① is　　② very　　③ slide　　④ the　　⑤ wet

(　　)(2 番目)(3 番目)(　　)(　　)(　　)?

1.⑤-①　　　2.④-⑤　　　3.③-①　　　4.②-⑤

問 30　T シャツを裏返しに着ているよ。

① wearing　② are　　③ you　　④ backwards　⑤ your　　⑥ T-shirt

(　　)(2 番目)(3 番目)(　　)(　　)(　　).

1.⑥-②　　　2.④-⑥　　　3.②-④　　　4.②-①

次の英文の内容に関して、問 31 から問 40 までの質問に対する答えとして最も適切なものを
1、2、3、4 の中から一つ選び、マーク欄の該当する番号を塗りつぶしなさい。

Dialogue A

Ms. Suzuki：	It's time for lunch. Sit at your table with your lunch box and wait quietly until everyone is ready.
Rie：	My mother made me a special character lunch. (①)!
Ms. Suzuki：	That's cute, but we (②) character lunch boxes at our school. I'll talk with your mother later today when she picks you up.
Taro：	(③). I wish my mom would make me a special lunch, but she's too busy.
Ms. Suzuki：	That is one reason why we don't want people bringing character lunch boxes. Also, some mothers feel they are not very creative and feel bad that they can't make similar lunches.

問 31　会話の流れから、（①）に入る最も適切な表現を選びなさい。

1. Yucky　　　　　　2. Ouch　　　　　　3. Eat　　　　　　4. Look

問 32　会話の流れから、（②）に入る最も適切な表現を選びなさい。

1. choose to not　　　　　　　　2. won't check
3. don't allow　　　　　　　　　4. don't have permission

問 33　会話の流れから、（③）に入る最も適切な気持ちの表現を選びなさい。

1. My lunch is boring　　　　　　2. I forgot my lunch
3. I don't like it　　　　　　　　4. I'm finished eating

問 34　スズキ先生は、なぜリエちゃんのお母さんと話をするのですか。

1. お迎えにくる時間が遅すぎるから　　2. キャラ弁が園では禁止されているから
3. お弁当箱が可愛いすぎるから　　　　4. キャラ弁の作り方を知りたいから

問 35　タロウ君のお母さんがキャラ弁をつくらないのはなぜですか。

1. 想像力が足りないから　　　　　　2. 料理が上手じゃないから
3. 時間がないから　　　　　　　　　4. スズキ先生が代わりにつくってくれるから

次の英文の内容に関して、問 31 から問 40 までの質問に対する答えとして最も適切なものを
1、2、3、4 の中から一つ選び、マーク欄の該当する番号を塗りつぶしなさい。

Dialogue B

Ms. Suzuki：	(①), everyone! It's story time. Please sit down on the floor in front of me. Which story would you like me to read today?
Taro：	Let's read the story (②) the boy who visited the jungle.
Kotone：	We read that one last week. I want to hear a new story. What (③) books do we have?
Ms. Suzuki：	I'm afraid we don't have any new books this year.
Kotone：	Would it be alright to bring a new book from home to read tomorrow?
Ms. Suzuki：	That would be great! Don't forget to write your name in the book so that we know that it is yours and we can give it back when we finish.

問 36 「集まる」の意味になるように、(①) に入る最も適切な表現を選びなさい。
1. Line up   2. Gather around
3. Here you are   4. Follow me

問 37 会話の流れから、(②) に入る最も適切な表現を選びなさい。
1. about   2. writing   3. into   4. enter

問 38 ほかの」の意味になるように (③) に入る最も適切な気持ちの表現を選びなさい。
1. another   2. plus   3. addition   4. other

問 39 明日、コトネちゃんは何をしますか。
1. 家で本を読む   2. 本を学校に持ってくる
3. 自分で新しい物語をつくる   4. 先生に新しい本を買う

問 40 スズキ先生がコトネちゃんに明日まで何をしてくるように言いましたか。
1. 本を読んでくること   2. 本の感想をまとめてくること
3. 本を返すこと   4. 本に名前を書いてくること

Level

4

第1回　問題（基礎編）

解答解説

解答

解答	
問1	3
問2	2
問3	1
問4	1
問5	1
問6	3
問7	2
問8	1
問9	3
問10	1
問11	1
問12	3
問13	2
問14	3
問15	1

解答	
問16	3
問17	3
問18	1
問19	1
問20	1
問21	2
問22	3
問23	2
問24	3
問25	1
問26	3
問27	1
問28	1
問29	3
問30	2

解説

問1 **正解** **3. 毛布**
解説　1の [バケツ] は、[pail] ともいいますが、[bucket] のほうが一般的です。
[枕] は [pillow] です。[blanket] は [毛布] です。

問2 **正解** **2. 砂場**
解説　[ブランコ] は [swing]、[滑り台] は [slide] です。他にも園にある遊具 [ジャングルジム] は [jungle gym]、[シーソー] は [seesaw] も覚えておきましょう。

問3 **正解** **1. 昨夜**
解説　[今朝] は [this morning]、[昨日] は [yesterday] です。ちなみに、[明日] は [tomorrow] といいます。問題文は [昨日の夜、何を食べましたか？] という意味です。[dinner] は 一日の一番メインの食事のことで、普通は [夕食] を指します。

問4 **正解** **1. 昼寝**
解説　[食事] は [meal]、[トイレ] は [bathroom](特にアメリカでは浴室とトイレが一室なので)、[toilet] でも通じますが、[便器] という直接的なイメージがあります。

問5 **正解** **1. 廊下**
解説　[柱] は [pillar]、[階段] は [stairs(ただし屋外の階段は steps)] です。なお、問題文の [down] ですが、普通は [下る] ですが、[come(go) down] の時は、[通って (沿っていく)] で、必ずしも下りを意味するわけではありません。

問6 **正解** **3. choke**
解説　[chew] は [噛む]、[chalk] は [チョーク]、[choke] は [(息や物が) のどにつまる]、つまり [むせる] ことです。発音が似ていますが、[chalk] は [オ—] と伸ばし、[choke] はしっかり [オウ] と発音してください。

問7 **正解** **2. weather**
解説　[whether] は [～かどうか]、[weather] は [天気]、[feather] は [羽根] です。[晴れ] は [sunny]、[くもり] は [cloudy]、[雨] は [rainy] といいます。[feather] は [羽根] です。

解説

問 8　正解　1. take off

解説　[take off] は [ぬぐ] の他、[離陸する] という意味もあります。[put off] は [延期する]、[turn off] は [(明かり、テレビなどを) 消す] という意味です。[身に付ける] という動作は「put on」といいます。

問 9　正解　3. use

解説　[make] は [作る]、[take] は [取る]、[use] は [使う、利用する] ですが、[make] と [take] は [have] や [get] とならんで、日常生活で様々に用いられるので、一言では訳せないことが多いです。まずは基本のニュアンスをつかんでおくこと。

問 10　正解　1. picture book

解説　[sketchbook] は [スケッチブック]、[drawing pad] は [お絵かき帳] です。

問 11　正解　1. Come this way

解説　[You did it] は [よくやったね]、[Well done] などというときもあります。[Enjoy yourself] は [楽しんで] という声かけです。

和訳　園児：スズキ先生、見せたいものがあるの！

　　　園児：こっちへ来て！

問 12　正解　3. scissors

解説　危ないので取り扱いに注意するものが答えです。[crayons] は [クレヨン]、[pencils] は [鉛筆] です。[careful] は [慎重に] で、[Be careful!] などと注意を促すときに使います。

和訳　先生：はさみに注意してね。

問 13　正解　2. drink

解説　[eat] は [食べる]、[have] は [持つ、所有する] です。なお、日本語では [スープ] は飲むものですが、英語では [drink] ではなく [eat soup] と表現します。中身の具を中心にした考えなのでしょう。[Here is~] は、物を渡すときの表現です。

和訳　先生：リサちゃん、あなたのミルクですよ。

　　　リサ：わたし、ミルクは飲まないの。

Level
4

解説

問 14　正解　3. forget

解説　[take] は [取る]、[go] は [行く] です。文の構造上は [take] も可能ですが、[Don't] が
　　　ありますので、[forget] が適切です。[stuff] はここでは [所持品] の意味です。

和訳　先生：あなたの持ち物を忘れないでね。

　　　園児：はあい！

問 15　正解　1. Can I join

解説　[Do I swing?] は [ブランコにのっていい ?]、[Are you full] は [お腹がいっぱいですか]
　　　という意味です。「Can I join?」は疑問文の形をとっていますが、実際は、できるかどうか
　　　を聞くというよりも、許可を求める時の言い方です。「join」は「参加する」です。

和訳　先生：さあ、サッカーをしましょう！一緒にやりたい人は？

　　　園児：ぼく、やってもいい？

問 16　正解　3. I'm okay

解説　[hungry] は [お腹がすいている]、[heavy] は [重い] という意味です。手伝おうとい
　　　う申し出に対して、お礼を言ってから断っています。

和訳　園児：スズキ先生、手伝いましょうか？

　　　先生：ありがとう、でも大丈夫よ。

問 17　正解　3. fever

解説　[cold] は [風邪]、[headache] は [頭痛]、[fever] は [熱] という意味です。すべて
　　　[have] をともなって、症状を表します。直前の行動から一番ふさわしいものを選んで
　　　ください。[temperature] は [温度] ですが、ここでは [体温] のことです。

和訳　先生：何だか熱いみたいね、お熱を測りましょう。

　　　先生：大変！熱があるようね。

問 18　正解　1. turn

解説　[turn] は [順番] で、[交替する] なら [take turns] といいます。[share] は [分かち合う]
　　　で、おもちゃなどを譲り合うときに使います。[rule] は [規則] です。

和訳　園児 A: リエちゃん、わたしがシャベル使う番よ。

　　　園児 B: いいよ、ちょっと待って。

解説

問 19　正解　2. together

解説　[others] は [他の物、他の人]、[together] は [一緒に]、[another] は
[他のどれか一つ] という意味です。

和訳　園児 A: 一緒に遊ぼう！
園児 B: そうしよう！

問 20　正解　1. draw again

解説　お絵かきの場面です。消しゴムで消してからまたはやり直す、ということですね。
[cut out the paper] は [紙を切り抜く]、[count again] は [数えなおす] という意味です。

和訳　園児：あ、いけない！間違えちゃった。
先生：大丈夫、消しゴムを使ってもう一度描けばいいわ。

問 21　正解　2.①-④

解説　[can] は動詞の前について [～できる] という意味になります。

全文　You can do it.

問 22　正解　3.①-④

解説　[did] は [do] の過去形、[great] は [素晴らしい] という意味です。

全文　You did a great job.

問 23　正解　2.①-②

解説　[ready] は [用意ができている] ということです。

全文　Are you ready?

問 24　正解　3.④-③

解説　[to] のあとに、どのような [time(時間)] かが説明されています。

全文　It's time to go back.

解説

問 25　　**正解**　　1.①-②

解説　　この場合の[one]は[一つ]と数えているのではなく、前出の名詞の繰り返しを避け
るために置き換えられています。[want]は[望む、欲しい]です。

全文　　Which one do you want?

問 26　　**正解**　　3.③-①

解説　　[change]は[取り替える]、[underwear]は集合的に肌着類を指します。

全文　　Let's change your underwear.

問 27　　**正解**　　1.①-③

解説　　[want to+ 動詞の原形]で[〜したい]となります。[zoo]は[動物園]です。

全文　　Do you want to go to the zoo?

問 28　　**正解**　　1.⑤-②

解説　　[throw]は[投げる]です。[please]が最後につく場合はその前に読点、[,(comma)]を
おきます。[Please throw it to me]でも意味は同じです。

全文　　Throw it to me, please.

問 29　　**正解**　　3.⑥-④

解説　　[to]が１と６二つあって紛らわしいのですが、1-4 の組合せの選択肢がないので、
3 を選んでください。ここでは[Do you]が省略されて使われています。

全文　　Want to go to the bathroom?

問 30　　**正解**　　2.①-③

解説　　[clean up]で[かたずける]という意味です。ここでは[-ed]がついて過去形で使わ
れています。

全文　　Good boy, you cleaned up!

Level
4

第2回　問題（基礎編）

解答解説

　無断転載・複写を禁じます

解答

解答	
問1	2
問2	1
問3	3
問4	1
問5	3
問6	1
問7	2
問8	2
問9	1
問10	3
問11	1
問12	2
問13	1
問14	3
問15	2

解答	
問16	2
問17	3
問18	1
問19	1
問20	2
問21	3
問22	1
問23	3
問24	2
問25	1
問26	3
問27	2
問28	3
問29	2
問30	3

解説

問 1　正解　2. 一緒に使う

解説　[借りる] は [borrow]、[参加する] は [join]、[share] は [分かち合う、共有する] という 意味です。[share] は、園では、子供たちがおもちゃや本などを仲よく使うときによく用いる言葉です。

問 2　正解　1. 積み木

解説　[block] は [かたまり] というのがもともとの意味です。ここでは [積み木] で、[building blocks] ともいいます。[石] は [stone]、[粘土] は [clay] です。

問 3　正解　3. 手を叩く

解説　問題文の [to the rhythm] は、[リズムに合わせて] です。[踊る] は [dance]、[足を踏む] は [踏み鳴らす] 感じであれば [stamp one's feet]、[踏む] だけなら [step] です。[clap] には [拍手する] という意味もあります。

問 4　正解　1. 順番

解説　[take turns] でイディオムとして [交替でする、順番にする] と覚えましょう。[回る] は [turn]、[列] は [line] です。

問 5　正解　3. おじさん

解説　[tonight] は [今夜]、[visit] は [訪問する] という意味です。[おばさん] は [aunt]、[いとこ] は [cousin]、[おじさん] は [uncle] です。

問 6　正解　1. 子犬

解説　日本語ではその名詞の前に [子] と付くだけですが、英語では単語自体が変わります。[子猫] は [kitten(猫は cat)]、[子馬] は [foa(1 馬は horse))、ちなみに [子牛] は [calf(牛は cow)] です。英語では 雄と雌も言い方が違うことが有ります。

解説

問 7　正解　2. 数える

解説　[数字] は [number]、[人数] なら [number of people] です。[count] は [数える] という動詞の他、[計算] という名詞の意味もあります。なお、英語圏では、指を折って数える時は、人差し指からではなく、親指から始まるので注意！

問 8　正解　2. 眠い

解説　[feel] は [感じる、〜という気持ちがする] 意味です。[うれしい] は [glad] または [happy]、[元気] は [healthy] ですが、普通の会話では [I'm fine.]、[I'm good.] で通じます。

問 9　正解　1. 押す

解説　[Don't 〜] で [〜するな] という否定命令です。[other] は [他の] という意味です。[押す] は [push]、[引っ張る] は [pull]、[つねる] は [pinch] です。

問 10　正解　3. げっぷをした

解説　[おしっこした] は [pee(-ed)(-ed で過去形)]、正式には [pass urine] ですが、子供は [pee] を使います。

[オナラをした] も子供の言葉では、[fart(-ed)]、婉曲表現では [break(broke) wind](風を起こす) といいます。

問 11　正解　1. See you tomorrow

解説　帰宅の場面で、[tomorrow] とあるので、次の日も登園するときの言い方です。

もし週末でしたら [See you next week!] となります。

2. は [こんにちは]、3. は [元気ですか？] です。

和訳　園児：また明日！

先生：夕方も楽しくすごしてね！

問 12　正解　2. Be careful

解説　[scissors] は [はさみ]、[dangerous] は [危険な] という意味です。[Good job] は [よくやった]、[Clean up] は命令形で [お片付けして] です。

和訳　先生：気を付けて！はさみは危ないわよ。

園児：うん、そのつもりだよ。

Level

4

解説

問 13　正解　1. tummy

解説　[tummy] とは子供の言葉で [お腹] のことです。[throat] は [喉]、[thumb] は
[親指] です。[stomachache] は [腹痛] で、[頭痛] なら [headache] といいます。
問題文の [hurt] は [痛む] です。

和訳　園児：お腹が痛い！
　　　先生：お水を飲んでみて。おなかが痛いの、楽になるわよ。

問 14　正解　3. stuff

解説　先生は、バッグ一つと帽子を渡しています。選択肢の [bags] は複数形ですので、
それよりも持ち物全部を指す [stuff] のほうが適切です。[forget] は動詞 で [忘れる] です。

和訳　先生：はい、どうぞ、おうちにもって帰るものよ。
　　　園児：ありがとう。私が描いた絵、ママにみせたいな。

問 15　正解　2. Raise

解説　[Raise your hand(手を挙げて)] は先生がよく使う表現です。[Up] は [上へ] という
前置詞、または名詞ですが、抱っこをせがむ幼児がよく発する言葉です。
[give your hand] というのは、[help] と同じで、[手を貸す] です。

和訳　先生：サッカーやりたい人、手を挙げて。
　　　園児：はあい！

問 16　正解　2. snack time

解説　[timetonap] は [お昼寝の時間]、[recess] は [休憩時間 (授業と授業の間などの)] です。
先生が運んでいるものから考えましょう。

和訳　園児：やったあ！おやつの時間だ！
　　　先生：はい、そうですよ。食べるものを運ぶの、手伝ってくれる？

問 17　正解　3. temperature

解説　風邪の状態のときは、[have a cold] ですが、[風邪をひく] は [catch a cold(「 caught 」
は過去形)] で表します。[fever] は [熱]、[bandages] は [絆創膏] です。
[temperature] は [体温、温度]、[熱を測る] の動詞は [take] を使います。

和訳　園児：風邪ひいちゃった。横になりたい。
　　　先生：そうね。保健室へ行って、お熱を測るといいわ。

Level
4

解説

問 18　正解　1. make

解説　[Let's] は [～ しましょう] という呼びかけですが、後には動詞の原形が続きます。[made] は過去形、[makes] は三人称単数の形です。[fun] は [楽しみ] で、[sound] は [響く]、直訳すると、[それは楽しそうに聞こえる] です。

和訳　園児 A: 砂のお城を作ろう!
　　　園児 B: 面白そうだね!

問 19　正解　1. hold

解説　[hold] は [つかんでおく] ということから [保つ、持ちこたえる、(会などを) 催す] などいろいろな意味を表す単語です。[squeeze] は [絞る]、[feel] は [感じる] です。[together] は [一緒に]、[walk] は [歩く、散歩する] という意味です。

和訳　園児 A: 公園でお散歩するときは手をつながなくっちゃね。
　　　園児 B: じゃあ、一緒に行けるね。

問 20　正解　2. color

解説　[help + 人 + 動詞の原形] で、[人に ～ するのを手伝う] です。[color] は [色を塗る]、[drawing] は [線を引くこと] あるいは [draw(描く)] の動名詞で、文法上は [help + 人 +～ ing] も可能ですが、一般的ではありません。

和訳　園児 : この絵に色を塗るの、手伝ってもらえる?
　　　先生 : いいわよ。

問 21　正解　3.④-①

解説　[each other] で [お互いに] という意味です。形容詞の命令形は [Be] で始めます。

全文　Be nice to each other!

問 22　正解　1.②-①

解説　「put on」で「身に付ける」ですが、よく目的語を挟む形「put 物 on」で使われます。衣服以外でも、メガネ、靴、指輪なども「put on」なので、それに応じて「かける、はく、はめる、かぶる」などの日本語を補うこと。

全文　Let's put our hats on.

　　無断転載・複写を禁じます

解説

問 23 正解 3.④-③

解説 [to] の後にくる句で、どのような [時間] なのかを説明しています。[go home] は [家に帰る] です。

全文 It's time to go home.

問 24 正解 2.④-③

解説 [bedding] とは [寝具] のことです。

全文 Take out your bedding.

問 25 正解 1.③-②

解説 [one] とは前出した物事や、何を指しているかわかって場合に重複を避けるいいかたです。ここでは、目の前に並んでいるものを指しながら [どちらのもの] と聞いています。

全文 Which one do you want?

問 26 正解 3.②-①

解説 [want] は [ほしい]、[more] は [もっと]

全文 I want more water.

問 27 正解 2.④-①

解説 [count] は [数える]、[Can you ~?] は、依頼の表現の時もありますが、ここでは普通にできるかどうかを聞いています。文脈、状況によって使い分けます。

全文 Can you count to ten?

問 28 正解 3.②-③

解説 [want to 動詞の原形] で [～ がしたい] という意味です。口語では [want to] の部分が [wanna] と発音されることが多いです。

全文 I want to use the shovel!

Level
4

解説

問 29　正解　2.③-②

解説　英語では [sister] だけですと姉か妹はわかりませんので、[younger もっと若い（つまり年下の）] を補います。[姉] は [elder(年上の)] をつけます。「（兄弟などが）いる」は「 have 」を使って表します。

全文　I have a younger sister.

問 30　正解　3.①-②

解説　[dirty] は [汚い、汚れている] で、反対は [clean] です。

全文　My hands are dirty.

Level
4

第3回　問題

解答解説

ABC

　　　無断転載・複写を禁じます

解答

解答	
問 1	2
問 2	4
問 3	2
問 4	1
問 5	3
問 6	1
問 7	3
問 8	2
問 9	4
問 10	1
問 11	1
問 12	2
問 13	2
問 14	3
問 15	3
問 16	2
問 17	3
問 18	2
問 19	4
問 20	3

解答	
問 21	2
問 22	2
問 23	3
問 24	4
問 25	4
問 26	2
問 27	3
問 28	1
問 29	4
問 30	2
問 31	4
問 32	2
問 33	1
問 34	4
問 35	3
問 36	3
問 37	3
問 38	2
問 39	3
問 40	1

解説

問 1　**正解　2. by**

解説　[by ~oneself(再帰代名詞)] で [～ 自身で] いう意味です。全部一人でできた時は
[All by myself!] という表現をよく使います。前置詞はイディオムとして慣用句で
セットにして覚えておくこと。

問 2　**正解　4. no**

解説　[some] も文法上は可能ですが、否定の意味が必要ですので [no] が正解となります。
[none] は [誰も ～ ない]、[nothing] は [少しも ～ ない] で [of] がつかない場合は
名詞の前にはおけません。

問 3　**正解　2. run**

解説　[can] は助動詞ですので次に動詞の原形がきます。[ran] は過去形、[running] は
現在進行形ですので、もし助動詞でなく be 動詞であれば、[She is running.] に
なります。[quickly] は副詞で [速く] という意味です。

問 4　**正解　1. Don't**

解説　否定命令は [Don't] で始まります。省略されていますが対象は [you] で , 今起きている
ことですから、三人称単数や過去形は使いません。be 動詞の否定命令形は
[Don't be afraid.(怖がらないで)] のように使います。

問 5　**正解　3. bored**

解説　[tired] は [疲れている]、[sleepy] は [眠い]、[lonely] は [寂しい] です。
自分の気持ちではなく、物事の形容ならを「～ ing 」の形を取るので注意。
例えば [退屈な映画] なら [a boring movie] です。

問 6　**正解　1. うるさい**

解説　2.[汚い] は [dirty]、3.[寒い] は [cold]、4.[静か] は [quiet] という単語になります。
1.[noisy(うるさい)] の名詞形は [noise(騒音、ノイズ)] です。

和訳　あなたの言っていることがよく聞こえません。ドアを閉めてください。
外がとても騒がしいです。

解説

問 7　**正解**　**3. 後に**

解説　[after] の反対は [~ より前に] という意味で [before] です。これらは名詞や文、文節 の前に置くことができます。[横に] は [sideway]、[上に] は [up]、ただし 状況によって [above] や [over] などを使い分けます。

和訳　外で遊んだ後には手を洗うのを忘れないでね。

問 8　**正解**　**2. さらに大きい**

解説　比較級には語尾に [er] をつけるもの、そのままの形で前に [more] をつけるものなど があります。1 は [nicer]、3 は [prettier] または [more beautiful]、4 は [softer] と なります。

和訳　このシャツは小さすぎます。もっと大きいのをもらえませんが？

問 9　**正解**　**4. まだ**

解説　1 は [already]、2 は [once]、3 は [just] です。[still] も [まだ] と訳せますが、これは [依然としてまだ続いている] という意味です。[yet] は否定文では [今までのところ、まだ ~ ない] となります。

和訳　太郎は相変わらず高熱があって、まだ一緒に遊べません。

問 10　**正解**　**1. あし**

解説　2 は [finger(s)]、3 は [knee(s)(k は発音しない)]、4 は [eyebrow(s)] です。英語では、くるぶしより下は [foot(複数形 feet)] で、[leg(s)] はそれより上の部分です。

和訳　A:4 本足でない動物はどれ？

B: 猿です！

問 11　**正解**　**1.twelve**

解説　[twenty] は 20、[seventy] は 70、[fifty] は 50 です。13 から 19 までの [teen] が付く 数字と紛らわしいので、要注意！例えば [thirteen] は 13 ですが、[thirty] は 30 です。

和訳　A: 田中先生、あなたのクラスの生徒は何人いますか？

B: そんなに多くなくて、たったの 12 名ぐらいです。小さいクラスです。

解説

問 12　正解　2. crayons

解説　1 は [鉛筆]、3 は [ハンカチ]、4 は [消しゴム] です。[them][they] とそのものが複数形で示されていることから、[s] が付いている [crayons] を選びます。

和訳　A: スズキ先生、私のクレヨンが見つかりません。見なかったですか？
B: いいえ。他の部屋にあるのでは？
A: いいえ、そこはもう見ました。
B: あなたのリュックの中は？
A: あ、あります！

問 13　正解　2. jungle gym

解説　1 は [砂場]、3 は [ブランコ]、4 は [シーソー] のことです。[climb(のぼる)] とあることから考えましょう。[playground] は [外の遊び場、運動場、園庭] のことです。

和訳　A: イトウ先生、お昼ご飯のあと、お庭に出ていい？
B: もちろんよ、ナオミちゃん。お庭で何したいの？
A: キミちゃんとジャングルジムに上りたいの。

問 14　正解　3. cut

解説　1 も 3 も [糊付けする] という意味ですが、[glue] のほうが広く使われるようです。[paste] のほうが広範囲で、べとべとした感じです。[はさみ (scissors)] は英語では複数形を用います。2 の [fold] は [折る] です。

和訳　A: さあ、工作の時間ですよ、紙を取って、机の上に置いてね。
B: サトウ先生、次は何したらいい？
A: それでは紙を切るので、みんなははさみを手に取ってね。

問 15　正解　3. August

解説　1 の [January] は [1 月]、2 の [December] は [12 月]、4 の [February] は [2 月] のことですので、海で泳げる [8 月] を選びます。

和訳　A: では、カレンダーを見て、12 か月について話しましょう。ケン君、君の好きな月は何月？
B: 日本の 8 月が好き。
A: なぜ？
B: だって、暖かくて海で泳げるから。

解説

問16　正解　2. hang them up

解説　1は[捨てる]、3は[下に置く]、4は[壊す][泣き出しそうになる]です。
[hang up]で[電話を切る]という場合に使うこともあります。

和訳　A: あ、ありました！さあ、みなさん、お絵かきを楽しんだね。ここで色塗りはおしまい。
B: ワタナベ先生、私たちの絵、どうするの？
A: みんなが見られるように、壁に貼ろうね。

問17　正解　3. breakfast

解説　1の[dinner]とは、もともとは三食のうちの一番豪華な食事のことでしたが、
今では夕食を指すことが多いようです。4の[supper]は[夕食]、[meal]は広い意味
での食事一般を意味します。

和訳　A: 田辺先生、10時だけどとてもおなかがすいちゃった。いつご飯食べられる？
B: しほちゃん、いつもと同じ時間で12時よ。どうしてもうそんなにおなかがすいているの？
A: だって今朝は朝ごはん食べなかったの。

問18　正解　2. finger

解説　1の[foot]は靴を履く部分の[あし]で、3の[leg]とは区別します。4の[elbow]は
[ひじ]のことです。解答は[鉛筆を握れない]ということから判断してください。
[accident]は[事故、災難]です。

和訳　A: タクマくんは、今日は何も書くことができません。
B: なぜできないの？大丈夫なの？
A: 大丈夫ですが、ちょっと災難にあって指をかなり切ってしまい、鉛筆が持てません。

問19　正解　4. feel

解説　1の[use]は[使う]、2の[count]は[数える]、3の[move]は[移動する、動かす]、
[nervous]とは[緊張、不安、心配]や[あがってしまった時の気持ち]です。

和訳　A: コバヤシ先生、明日の遠足がちょっと不安です。
B: なぜそんな気持ちになるのですか？私はちっとも心配してないです。

解説

問 20　**正解**　3. Don't worry

解説　1 は [どういたしまして]、2 は、[ごめんなさい] または [残念です]、
　　　4 は [気にしないで]、日本での [ドンマイ!] は通じませんので注意。

和訳　A: この幼稚園には新任なので、今度の遠足で生徒と一緒に学校の外に出るのは
　　　　私にとって初めてなのです。
　　　B: 心配しないで。一人じゃないですよ。私も一緒にいてお手伝いします。
　　　　校長先生と何人かの親御さんも行きますしね。

問 21　**正解**　2. Spring

解説　[bloom] は [開花する]、[spring break] は [春休み]、1.[Winter] は [冬]、
　　　3.[Summer] は [夏]、4.[Fall(英国では Autumn)] は [秋] のことです。

和訳　花が咲き、春休みがあり、だんだんゆっくりと暖かい気候になるのはどの季節ですか?

問 22　**正解**　2. It's nice to see you.

解説　1. は帰り際の挨拶、3.[Long time no see.] は [お久しぶり]、4. は [どうしていたの?]
　　　で [How are you?] と似ていますが、少し間が空いていた時に使われます。
　　　2 は [初めまして、会えてうれしいです。]

和訳　初対面の時の言い方で一番ふさわしいのは何ですか?

問 23　**正解**　3. gloves

解説　1.[ソックス]、2.[靴]、3.[手袋]、4.[スリッパ (かかとのある部屋履き)] で、
　　　通常、複数形です。ひとつと強調したいときは [a pair of~] で表現します。
　　　[wear] は身に付けている状態、動作なら [put on] です。

和訳　次のもののうち、子供が足にはかないのはどれですか?

問 24　**正解**　4. sit

解説　1. は [休む]、2. は [眠る]、3. は [気づかう]、4. は [座る] です。状態と区別するため、
　　　呼びかけでは [sit down] で使いますが、[take a seat.] のほうが丁寧です。
　　　[ask] は [頼む、質問する] という意味です。

和訳　子供たちに着席してほしい時、座るようにと言います。

解説

問 25 正解 4. nicely

解説 1. の [quietly] は [静かに]、2.[firmly] は [しっかりと、強固に]、
3.[strongly] は [強く]、4.[nicely] は [礼儀正しく] という意味です。
文法的には全ての副詞が可能ですが、一番ふさわしい意味で選んでください。

和訳 お友達から何かを借りたいときは、ていねいにお願いすべきです。

問 26 正解 2.①-⑤

解説 これからすることを忘れないで、というときは [forget] の後に to 不定詞がきます。
[Remember to wash your hands.] と同じ意味になります。

全文 Don't forget to wash your hands

問 27 正解 3.④-③

解説 [a lot of] は数、量のどちらにも [たくさん] という意味で使えます。
雪や雨が降る表現に [We have(had の現在形)] があるのも覚えておきましょう。

全文 We had a lot of snow last winter.

問 28 正解 1.②-⑥

解説 [do you think] があることにより、目の前の相手に直接問いかけています。
[What do I have in my hand?] より自然な言い方です。

全文 What do you think I have in my hand?

問 29 正解 4.③-②

解説 [leave(left の原形) 人 something] で [人に何かを残す、取っておく] という意味です。

全文 I left some cookies for him.

問 30 正解 2.④-⑤

解説 [a number of ~] で [いくつかの]、現在完了形の have+ 過去分詞はこの場合は
[ちょうどさっき選んだところだ。] という感じです。[選ぶ] の原形は [choose] で
[choose-chose-chosen] と活用します。

全文 A number of children have chosen this piano class.

解説

Dialogue A （※英文理解のための補助和訳）

スズキ先生：	さあ、みなさん、今からご本を読むからここへきて座ってね。
タロウ：	スズキ先生、今日の本はなあに？
スズキ先生：	「はらぺこあおむし」を読みますよ。
タロウ：	あ、それ大好き！でもぼく「おやすみなさいおつきさま」がお気に入りなんだ。
スズキ先生：	太郎君、それは昨日読みましたよ。来月ならもう一度読めるわ。
タロウ：	うん、それでいいよ。
スズキ先生：	明日は「三匹のこぶた」を読みましょうね。

問 31　正解　4. sitdown

解説　1.[stand up] は [立ち上がる]、2.[be quiet] は [静かにする]、3.[sing a song] は [（歌を）歌う]、4.[sit down] は [すわる] の意味です。答えは冒頭の会話に出ています。

問 32　正解　2. favorite

解説　[book] の前に入りますので、形容詞を選びます。1.[like] は [好き]、2.[favorite] は [お気に入りの]、3.[message] は [伝言]、4.[drawing] は [スケッチ、線で描いた絵] の意味です。

問 33　正解　1. Goodnight Moon

解説　タロウ君が言った本に対し、[それは、昨日読みました.] と、スズキ先生は返しています。ちなみに [read] のつづりは現在形と過去形が同じですが、過去形は [red(赤)] と同じ発音になります。

問 34　正解　4. again

解説　1.[since] は [以来]、2.[already] は [すでに、もう]、3.[yet] は [まだ]、4.[again] は [もう一度、再び] という意味です。先月読んだ本ですが、来月「もう一回」読むつもり、ということです。

問 35　正解　3. Story Time

解説　1.[Nap Time] は [お昼寝の時間]、2.[Lunch Time] は [お昼ご飯の時間]、3.[Story Time] は [読み聞かせの時間]、4.[Music Time] は [音楽の時間] という意味です。先生が生徒を集めて絵本を読もうとしている場面の会話です。

Level

4

解説

Dialogue B （※英文理解のための補助和訳）

タナカさん： こんにちは、キムラ先生、今日は私の子供のために放課後遅くまで残って
いただいて、ありがとうございます。遅れてすみません。
雨で道が混んでしまって …。

キムラ先生： 大丈夫ですよ。3 時半が終了時間ですが、遅れたのはたったの 15 分だけです。

タナカさん： ありがとうございます。うちの子、今日はどうでしたか？

スズキ先生： ええ、実は頭（おでこ）が少し熱いようですね。熱があるかも。
今日、せきも多かったですね。たぶん今晩、お医者さんに連れて行った方が
いいでしょう。

タナカさん： はい、ありがとうございます。すぐに病院へ連れていきます。

問 36　正解　3. A mother is picking up her son after school.

解説　[he] とあるので、タナカさんのお子さんは [son(息子)] であることがわかります。
1. の [daughter] は [娘] です。2.[drop off] は [送り届ける] という意味なので、
3 の [pick up(お迎え)] が適切です。

問 37　正解　3. 渋滞していたから

解説　[a lot of traffic] とは [交通量が多い] ことです。[渋滞] は [traffic Jam] ともいいます。
1 の [寝坊する] は [oversleep] といいます。

問 38　正解　2. 3:45

解説　閉園時間が 3:30 と書かれています。それに 15 分遅れたわけですから、
到着したのは 3 時 45 分です。

問 39　正解　3. doctor

解説　普通は [forehead(額)] に手をやって確かめますね [fever] は [熱]、[cough] は
[せきをする] です。[医者に行く] は [go] ではなく、[see a doctor] です。
2 は [歯医者さん]、4 は [おまわりさん] です。

問 40　正解　1. Ok thank you

解説　2 の [apologize] は [あやまる、謝罪する] という動詞、3.[Excuse me.] は
[ちょっと失礼]、4.[You're welcome.] は [どういたしまして] です。
先生のアドバイスに対して お礼を言っています。

第4回　問題

解答解説

解答

解答		解答	
問1	4	問21	3
問2	2	問22	1
問3	2	問23	3
問4	1	問24	2
問5	2	問25	4
問6	2	問26	3
問7	2	問27	4
問8	4	問28	1
問9	3	問29	3
問10	1	問30	4
問11	1	問31	3
問12	3	問32	1
問13	1	問33	4
問14	2	問34	2
問15	3	問35	3
問16	4	問36	4
問17	2	問37	1
問18	3	問38	1
問19	4	問39	3
問20	1	問40	3

解説

問 1　**正解**　4. to

解説　方向を表す 4.to を選びます。[take 人 to 場所] で [連れていく] という意味です。
2 の [from] は場所や時間の起点を表します。

問 2　**正解**　2. sweaty

解説　[sweat] には [汗、汗をかく] という名詞と動詞の意味がありますが、程度を表す
[so] があるので、形容詞の 2.[sweaty] が適切です。もしなければ [I'm sweating
all over.(全身に汗をかいています)] という進行形での表現も可能です。

問 3　**正解**　2. them

解説　[くつ] は英語では複数扱いになります。[pajamas(パジャマ)]、[glasses(めがね)]、
[scissors(はさみ)] などもそうです。[get wet] で [ぬれる] という意味です。

問 4　**正解**　1. careful

解説　1.[careful] は [注意深い]、2.[skillful] は [器用な]、3.[helpful] は [役立つ]、
4.[harmful] は [有害な] という意味です。

問 5　**正解**　2. first

解説　1.[beginning] は [始めの部分]、3.[open] は [開く]、4.[start] は [開始する] です。
[初めての] という意味の [first] が適切です。

問 6　**正解**　2. 流し台

解説　1 の [石鹸] は [soap]、3 の [台所] は [kitchen]、4 の [噴水] は [fountain] で、
手を洗うところですから [sink] が適切です。なお、[sink] には [沈む] という
動詞の意味もあります。

和訳　A: 流し台で手を洗いましたか？
　　　B: はい、スズキ先生。今、わたしの手はきれいです。

問 7　**正解**　2. 砂場

解説　1.[滑り台] は [slide]、3.[ブランコ] は [swing]、4.[鉄棒] は [horizontal bar] です。
他にも [seesaw] や [jungle gym] など [playground(遊び場、園庭)] にあるものは
覚えておきましょう。

和訳　子供達はお砂場で遊びたがります。

解説

問 8 **正解** **4. 喉が渇いた**

解説 1.[お腹が空いた] は [hungry]、2.[目がかゆい] は [have an itchy eye]、
3.[頭が痛い] は [have a headache]、4.[のどが渇いた] というのは [thirsty] です。
1 と 4 は be 動詞と一緒に使い、状態を表します。

和訳 朝ずっと遊んだ後は、子供たちはとても喉が渇いていました。

問 9 **正解** **3. 着る**

解説 1.[脱ぐ] は [take off]、2.[持って帰る] は [bring(take) back]、
3.[put on] は [身に付ける]、4.[寝る] は [sleep] です。[床に就く] という動作を
いいたいのなら、[go to bed] です。[need to~] は [～する必要がある] という意味です。

和訳 太郎はパジャマを着ないとだめです。

問 10 **正解** **1. 汚い**

解説 1.[汚い] は [dirty]、2.[臭い] は [smelly]、3.[美味しい] は [delicious]、
4.[しょっぱい] は [salty] といいます。

和訳 お料理のレッスンの後は部屋がとても汚かったです。

問 11 **正解** **1. flush**

解説 1. の [flush] には [ほほが（ほてって）赤くなる] という意味もあります。
[remember] は [覚えている、思い出す] と日本語では両方の意味があります。

和訳 A: 使った後はトイレの水を流すのを確認してね。
B: ごめんなさい。次の時は忘れないようにするよ。

問 12 **正解** **3. nap**

解説 [take a nap] のイディオムで [昼寝をする] という意味です。
[nap] には [うたたね] の意味もあります。[take] は日常英会話でとても頻繁に
使われる単語で、[take a bath(お風呂に入る)] などたくさんあります。
4.[lay down] は [横たえる] という意味です。

和訳 A: 子供達は、今日の先生の授業、とても楽しんでいたわ。
B: ええ、とても楽しかったですね。
A: あの子たち、今はとても疲れていると思いますよ。
B: そうですね。すぐお昼寝しないといけませんね。

解説

問 13　正解　1. where
解説　1.[where]は[どこ]、2.[what]は[何]、3.[place]は[場所]、4.[color]は
[色]という意味です。[Let me~]は[自分にやらせてください]というニュアンスです。
和訳　A: タナカ先生、クレヨンはどこですか？
B: 私の机の上にある箱の中にあります。取ってきてあげるわ。

問 14　正解　2. practice
解説　1.[clean]は[きれいにする]、2.[practice]は[練習する]、3.[join]は[参加する]、
4.[greet]は[あいさつする]という意味です。[plan]は[計画]のことです。
和訳　A: 明日の朝にやることは何ですか？
B: 今週末の保護者会の為に歌の練習をする必要があります。

問 15　正解　3. funny
解説　1.[exciting]は[興奮するような]、2.[enjoy]は[楽しむ]、3.[funny]は
[おかしい、こっけいな]、4.[mean]は形容詞だと[意地悪な]、動詞では
[意味する]です。[can't stop ~ing]の形で[～が止まらない]という慣用句です。
和訳　A: 太郎君、今日の特別なお客様を本当に楽しんでいたわね。
B: うん、とても面白かった。笑いが止まらなかったよ。

問 16　正解　4. wait
解説　1.[meet]は[会う]、2.[travel]は[旅行する]、3.[care]は[気遣う、心配する]、
4.[wait]は[待つ]という意味です。会話文の[have a great time]は
[楽しい時を過ごす]、[visit]は[訪問する]という意味です。
和訳　A: この夏、あなたのおばあさんを訪ねるのは楽しみですね。
B: ええ、また会うのが待ちきれないです。
A: 安全な旅をしてきてね。来週お会いしましょう！

　無断転載・複写を禁じます

解説

問 17　正解　2. fever

解説　1.[allergy] は [アレルギー]、2.[fever] は [熱]、3.[pain] は [痛み]、4.[sick] は [病気、気分が悪い]、[forehead] は [額] という意味です。[have a fever] で [熱がある] という意味です。病気の症状を言うとき、よく [have] を用います。

和訳　A: リエちゃん、あなた、顔が赤いし、おでこが熱いわ！お熱があるかな？
　　　B: わかんない。気分が良くないの。A: 保健室に連れて行ってあげるわね。

問 18　正解　3. blanket

解説　寝る時、寒くないように使うものを考えてください。3.[blanket(毛布)] が適切です。4.[pillow] は [枕] です。[make sure] で [確認する] という意味です。

和訳　A: 予備の毛布を持ってきてくれませんか？太郎は寝るとき寒がります。
　　　B: もちろん、必ず持ってきますよ。

問 19　正解　4. draw

解説　[かく] といっても、[(絵筆で) 描く] のは 1.[paint]、[(字を) 書く] のは 3.[write(w) は発音しない)]、[(線を) 描く、スケッチする] のが 4. の [draw] となります。2.[sculpt] は [彫刻する] という意味です。

和訳　A: 犬の絵を描きたいな！
　　　B: いいアイデアね！鉛筆持ってきてくれる？
　　　A: もう持ってるよ！

問 20　正解　1. blood

解説　1.[blood] は [血]、2.[injure] は動詞で [傷つける]、名詞なら [injury(傷)] です。3.[scissors] は [はさみ]、4.[hand] は [手] です。[wash off] とあるので、洗い流せるものを考えましょう。

和訳　A: あ、いたっ！指、切っちゃった！
　　　B: あら、まあ！絆創膏を張る前に、ちゃんと血を洗い流したか確かめてね。

解説

問 21　正解　3. siblings

解説　1.[parents] は [両親]、2.[cousins] は [いとこ]、3.[siblings] は [(男女の別なく) 兄弟] で日本語の兄弟姉妹を含む便利な言い方です。4.[descendants] は [子孫]、反対は [ancestor(先祖)] という単語です。

和訳　兄弟と姉妹は他の言い方では何という言葉になりますか？

問 22　正解　1. setthetable

解説　1. は ([テーブルにお皿などを並べて) 準備する] ことを指します。いわゆるテーブルセッティングをすること。2.[brush our teeth] は [歯を磨く]、3.[make the table] は [テーブルを作る]、4.[clear the table] は [(お皿を) 片付ける] です。

和訳　食事の前には何をしますか？

問 23　正解　3. speaking

解説　1.[touching] は [触わること]、2.tasting は [味わうこと]、3.[speaking] は [話すこと]、4.[hearing] は [聴くこと] の意味です。ちなみに五感のあとの二つは [seeing(見ること)] と「smelling(嗅ぐこと)」です。

和訳　五感の一つではないものは何でしょう？

問 24　正解　2. Quiet, please!

解説　1. の [Take care!] は [お大事に !] ですが、もともとは [注意する] という意味です。3.[Hold up!] は [(持ちこたえるように) がんばって !] で、励ましの言葉です。4.[Amazing!] は [(見事で) おどろきだね !]

和訳　子供たちにうるさくさせないように、なんといいますか？

問 25　正解　4. whistle

解説　1.[bell] は [鐘]、2.[trumpet] は [トランペット]、3.[applause] は [拍手喝采]、4.[whistle] は [笛、ホイッスル] ですが、[口笛] の意味もあります。受動態ですので、[blown] は 過去分詞で、原形は [blow(吹く)] です。

和訳　ホイッスルは運動会で競走のスタートによく吹かれます。

解説

問 26　正解　3.③-②

解説　[look forward to~] で [～を楽しみにする] というイディオムです。この場合の [to] の後は名詞か動名詞 (動詞の～ing 形) がきますので、間違えないように。

全文　I am looking forward to meeting you.

問 27　正解　4.⑤-⑥

解説　[bring] は [持ってくる]、[remember] は [(忘れないで) 覚えておく、思い出す] という意味です。日本語としては、[忘れないで～する] が自然です。

全文　Please remember to bring your red hat.

問 28　正解　1.⑥-⑤

解説　[a cake] は、作られたときの大きな塊をさします。切り分けたものは、[a piece of cake]、二切れなら [two pieces of cake] ですね。

全文　We will make a chocolate cake.

問 29　正解　3.④-①

解説　[どこ] なのかを尋ねているので、[where] で始まる疑問文となります。

全文　Where did you put your shoes?

問 30　正解　4.②-①

解説　[come]、[go] などの行き来を表す動詞は、進行形の形で、[今すぐ～するところ] といったニュアンスを出します。仕事に行こうとしている場面です。

全文　Your mother is going to work.

　無断転載・複写を禁じます

解説

Dialogue A　（※英文理解のための補助和訳）

スズキ先生：	今日は、父の日のために、家族の絵を描きましょうね。
タロウ：	絵の中におばあちゃんも描いていい？
スズキ先生：	いいわよ。先週、ご親切にも工作の時間にお手伝いしてもらいました よね。
タロウ：	絵に描いたらきっと喜ぶと思うんだけど。
スズキ先生：	そうね、とってもうれしいでしょうね、でも忘れないで、
	この絵はお父 さんのためのものよ。
タロウ：	もちろん！絵を封筒に入れて日曜の朝にプレゼントと一緒に渡すよ。

問 31　正解　1. family

解説　[a picture of our family(私たちの家族の絵)] と 1 行目に書かれています。

問 32　正解　1. 手伝う

解説　[lend] は [貸す] という意味ですから、文字通り [手を貸す] で、1.[手伝う] となります。

問 33　正解　4. glad

解説　1.[angry] は [怒っている]、2.[frustrated] は [欲求不満] という意味です。

問 34　正解　2. お父さん

解説　[give it to him] の [him(彼に)] とは、お父さんのことです。家族、おばあさんなど ¥
　　　いろいろな言葉が出てきますが、会話の流れを丁寧にたどりましょう。

問 35　正解　3. 封筒

解説　[envelope] は [封筒] のことです。[put it in an envelope] で [封筒の中に入れる]
　　　といっています。[it] は自分で書いた絵のことを指します。

解説

Dialogue B　（※英文理解のための補助和訳）

リエ:	スズキ先生、気分があまりよくないんだけど。
スズキ先生:	どうしたの？どこが痛むか教えて。
リエ:	お腹なの。変な感じ。
スズキ先生:	そうなの。中に入って、横になっていいわよ。もしもっと具合が悪くなったら、お母さんに電話して、おうちに帰れるようお迎えに来てもらいましょう。
リエ:	病気じゃないといいけど。もし病気なら今日はプールで遊べないね。
スズキ先生:	少しの間ゆっくり休んで、そのあとどんな具合になるか様子をみましょう。

問36　正解　4. 具合が悪い

解説　最初に [I don't feel very well.] と先生に訴えています。この後 [get worse(もっと悪くなったら)]、プールに入れなくなる可能性もありますが、この時点での問題は、おなかの具合がおかしいということまでです。

問37　正解　1. どうしたの

解説　[What's wrong?] とは調子が悪そうな人に尋ねる言い方です。直訳すれば、[何か問題、不具合があるの ?] ですが、[どうしたの ?] という訳が自然です。

問38　正解　1. hurts

解説　1.[hurt] は [痛む]、2.[pains] は [苦しめる]、3.[feels] は「 感じる 」、4.[points] は「指し示す」という意味です。[pain] には [痛む] という自動詞の意味もありますが、普通は 1. の [hurt] を使います。文中では主語が「」なので、三人称単数の [-s] が付いています。

問39　正解　3. stomach

解説　1.[head] は頭、2.[throat] は [喉]、3.[stomach] は [腹部、胃]、4.[back] は [背中] という意味です。[tummy] は子供が使う言葉で [お腹] のことです。

問40　正解　3. 横になる

解説　スズキ先生が [横になる] ことを促しています。[lie down] は自動詞で [横になる]、[lay down] は [(何かを) 横たえる] という意味です。紛らわしいので注意しましょう。

4

第5回　問題

解答解説

ABC

解答

解答		解答	
問1	1	問21	3
問2	3	問22	4
問3	3	問23	2
問4	3	問24	2
問5	1	問25	3
問6	2	問26	4
問7	4	問27	2
問8	2	問28	1
問9	1	問29	3
問10	4	問30	4
問11	2	問31	4
問12	1	問32	3
問13	3	問33	1
問14	1	問34	2
問15	4	問35	3
問16	3	問36	2
問17	3	問37	1
問18	1	問38	4
問19	1	問39	2
問20	2	問40	4

解説

問 1　正解　1. put

解説　1.[put back] は [元に戻す]、2.[take back] は [返品する]、3.[left] は [左]、4.[release] は [放す、外す] です。おもちゃなどを片付けて元に戻しておく時、[put away] という表現も使いますので、あわせて覚えておきましょう。

問 2　正解　3. swing

解説　1.[slide] は [すべり台]、2.[maze] は [迷路]、3.[swing] は [ブランコ]、4.[tag] は [鬼ごっこ] という意味です。

問 3　正解　3. taught

解説　[My mother] は三人称単数（I と you 以外で一人）ですので、これが主語の時、動詞の現在形には [-s]、または [-es(] 動詞の語尾が [-s,-ss,-sh,-,ch,-x] の時) がつきます。[tie] は [(ひもなどを) 結ぶ] という意味です。

問 4　正解　3. Can you

解説　2.[Can I ~?] は [～していい ?] と許可を求める表現です。お手伝いを頼んでいるわけですから、依頼の表現の 3.[Can you] が適切です。いずれも親しい関係でよく使われます。丁寧に言いたいときは [can] のかわりに [could] を使います。

問 5　正解　1. bright

解説　1.[bright] は [明るい](ただし、人を形容する時は [頭がいい] という意味)、2.[light] は [光]、3.[sun] は [太陽]、4.[shiny] は [光り輝く] で、[眩しい] という意味もあるの ですが、何かものがぴかぴかしている感じなので、1. の方が適切です。

問 6　正解　2. 拭いた

解説　1.[洗った] は [wash(ed)]、3.[握った] は [grip(ped)] または [held(hold の過去形)]、4.[取った] は [took(take の過去形)] となります。手を洗った後にそれをぬぐっていることから、[wiped] は 2.[拭いた] と分かります。

和訳　太郎は、手を洗った後にジーンズで拭いた。

Level
4

解説

問 7　正解　4. 閉める

解説　[be shut] は、[閉じられる] で、受動態ですので、直訳すると [ドアは、冬には閉じられる必要がある] となります。英語ではこのように無生物が主語になる言い方が多くあります。

和訳　冬にはドアを閉じる必要があります。

問 8　正解　2. 二番目

解説　[second] には名詞として 1.[秒] という意味もありますが、この文では 2.[二番目の] という意味で使われています。[最初の] でしたら [first」です。3.[次] は [next]、4.[最後] は [last] です。

和訳　二番目のグループは、みんなが席についてから食べてもいいです。

問 9　正解　1. 鬼ごっこ

解説　2.[かくれんぼ] は [hide-and-seek]、3.[凧揚げ] は [kite flying] です。4.[だるまさん が転んだ] は日本だけのものですが、アメリカにも進んだり立ち止まったりする [Red light Green light] という遊びがあります。

和訳　お昼ご飯の後に鬼ごっこをしましょう!

問 10　正解　4. 飲み込んだ

解説　[掛ける] は [hang]、[沈む] は [sink]、[吐き出す] は [throw out]、[飲み込む] は [swallow] です。問題文は過去形なので、それぞれ 1.[hung] 2.[ｓａｎｋ]、3.[threw up]、4.[swallowed] になります。

和訳　太郎はプールに入った時に水を沢山飲み込みました。

問 11　正解　2. ruler

解説　1.[scissors] は [はさみ]、2.[ruler] は [定規]、3.[compass] は [方位磁石、コンパス]、4.[ladder] は [はしご] という意味です。[measure] とあるので [測る] ことのできるものを選びます。

和訳　A: これを定規で測ってくれる?
　　　B: ええ、6 センチですよ。

解説

問 12　**正解**　**1. cut**

解説　[cut in line] で [列に割り込む] です。よく園では [Line up, please!][一列に並んで !] と子供たちにいいます。[first] は [最初に] という意味です。3.[enter] は [入る]、4.[wait] は [待つ] です。

和訳　A: スズキ先生！コトネちゃんが割込みしたの！

　　　B: コトネちゃん、列の最後に行かないとだめよ。最初にリエちゃんがここにいたの よ。

問 13　**正解**　**3. draw**

解説　1.[write] は [(字を) 書く]、2.[paint] は (絵の具で) 描く]、3.[draw] は [スケッチ、(線を用いて) 描く]、4.[take] は 取る] という意味です。問題文に、[with crayons(クレヨンで)] とあることから考えます。

和訳　A: 今日は母の日のために、クレヨンでお絵かきをしましょう。

　　　B: ママ、きっとわたしの描いた絵を見てとても喜ぶね。

問 14　**正解**　**1. Don't worry**

解説　1.[Don't worry] は [心配しないで]、2.[You're welcome] は [どういたしまして]、3.[Don't push] は [押さないで]、4.[Thank you] は [ありがとう] という意味です。[you can use] は、[umbrella(傘)] を後ろから修飾しています。

和訳　A: 雨が降ってきた！

　　　B: 大丈夫、あなたが使ってもいい傘があります。

問 15　**正解**　**4. deliver**

解説　1.[show] は [示す]、2.[repeat] は [繰り返す]、3.[shout] は [叫ぶ]、4.[deliver] は [届ける] です。[right away] は [直ちに] という意味です。

和訳　A: ミナマタ先生、子供たちは、朝の伝達事項を伝える準備ができています。

　　　B: はい、すぐに行きます。

解説

問 16　正解　3. three times
解説　[~ing] の分詞構文で始まっているので、[~の時]、[~なので] という意味を補って
考えること。[~回] は 3 回以上なら [~times] ですが、週に一回は [once a week]、
2 回は「twice a week」です。1.「often」は「よく、しばしば」です。
和訳　A: 来週からですが、子供たちのプールの時間が週 3 回あります。
　　　B: お知らせいただいてありがとうございます。リエは新しい水着が必要です。

問 17　正解　3. go back
解説　1.[clean off] は [(汚れなどが) 落ちる]、2.[get out] は [出ていく]、
3.[go back] は [戻る]、4.[finish up] は [終わりにする] です。[to the classroom] に
続けるには、3.[go back] が適切です。[hurry up] は [急ぐ] という意味です。
和訳　A: お遊び時間は終わりですよ。お教室に戻ってね。
　　　B: お砂場遊びしたから、まず手を洗わないと。
　　　A: そうね、でも早くしてね。

問 18　正解　1. apologize
解説　1.[apologize] は [謝る]、2.[correct] は [ただす、(間違いを) 直す]、3.[sorry] は
[は残念に思う]、4.[shame] は [辱める]、[不名誉] という名詞の意味もあります。
リエに対してしなければならないことを選びましょう。
和訳　A: タロウ君、リエちゃんに謝らないとだめよ。お友達は蹴ったりしないよ。
　　　B: リエちゃん、蹴ったりしてごめんね。
　　　C: ほんとに痛かったんだから！もうしないでね。

問 19　正解　1. one at a time
解説　1.[one at a time] は [一人ずつ、続いて]、2.[for waiting] は [待つために]、
3.[line] は [並ぶ]、4.[only one] は [たった一つ] の意味です。
折り紙を配るシーンで、適切なものを考えましょう。
和訳　A: 一人ずつ来て、一枚とってね、折り紙をするから。
　　　B: スズキ先生、2 枚貰っちゃった。
　　　A: 教えてくれてありがとう。一枚戻してね。

解説

問 20　**正解**　**2. scarf**

解説　1.[umbrella] は [傘]、2.[scarf] は [襟巻、マフラー](英語では毛糸のものも [scarf] で、[muffler] は主にエンジンの消音器のこと)、3.[smock] は [上っ張り]、4.[diaper] は [おむつ] です。身に付けると暖かくなるものを考えます。

和訳　A: 外は本当に寒いです。必ず暖かいものを着るように。

　　　B: 今日は手袋とマフラーをもってきたから、とっても暖かいよ。

問 21　**正解**　**3. playground**

解説　1.[field] は [畑、野原]、2.[cafeteria] は [食堂]、3.[playground] は [運動場、遊び場]、4.[jungle gym] は [ジャングルジム] です。

和訳　園で、外遊びするところは何といいますか？

問 22　**正解**　**4. I'm really thirsty**

解説　1. は [始める準備ができている]、は 2.[お箸の準備ができている]、3. は [今日は冷える]、4. は [とても喉が渇いている] という意味です。

和訳　子供が水を飲む前にいうとしたら何といいますか？

問 23　**正解**　**2. a box of bandages**

解説　1.[a stapler] は [(日本でいう) ホッチキス]、ちなみに [Hotchkiss] は、考案者の名前による商標です。2.[a box of bandages] は [絆創膏の箱]、3.[a stack of envelopes] は [封筒の束]、4.[a tube of glue] は [糊のチューブ] です。

和訳　次のうち、文房具でないものはどれでしょう？

問 24　**正解**　**2.a museum**

解説　1.[an aquarium] は [水族館]、2.[a museum] は [博物館]、3.[a factory] は [工場]、4.[dairy] は [乳製品製造場] という意味です。なお、[field trip] とは、社会見学の要素を含む課外レッスンのことです。

和訳　遠足で歴史について学ぶためには、子供たちをどこに連れていきますか？

解説

問 25　正解　3. principal

解説　1.[counselor] は [カウンセラー] 2.[nursery] は [託児所]、3.[principal] は通常、[the] を伴って [校長、社長]、ここでは [園長先生] を表します。4.[supervisor] は [上司、指導教官] のことです。

和訳　幼稚園での主な責任者は誰ですか？

問 26　正解　4.⑤-②

解説　[need to ~] は [~する必要がある] つまり [~しないといけませんよ。] と促す意味で使います。

全文　You need to eat all of your lunch.

問 27　正解　2.⑤-③

解説　[be going to ~](you が主語の時、be 動詞は are) で、[~する予定です] という意味です。[plant] は [植える]、[seed] は [種] で、ここでは複数形の [-s] が付いています。

全文　Today we are going to plant seeds.

問 28　正解　1.②-①

解説　[better] は [good]、[well] の比較級で、[もっとよく] という意味です。

全文　I think you can do it better.

問 29　正解　3.③-①

解説　[slide] は [滑り台]、[wet] は [濡れている] で、反対の言葉は、[dry(かわいている)] です。一緒に覚えておくとよいでしょう。

全文　The slide is very wet.

問 30　正解　4.②-①

解説　[backwards] は [逆に] という意味です。子供はよくやってしまいますね。ちなみに前後ではなく、裏おもてが逆なら [inside out] といいます。

全文　You are wearing your T-shirt backwards.

解説

Dialogue A　　（※英文理解のための補助和訳）

スズキ先生：　お昼の時間ですよ。お弁当箱をもって席について、
　　　　　　　みんなが揃うまで静かに待っていてね。

リエ：　　　　ママ、とっておきのキャラ弁作ってくれたの。見て！

スズキ先生：　素敵ね、でも園にキャラ弁持ってくるのはダメなの。
　　　　　　　今日後で、あなたをお迎えに来た時、お話しするわね。

タロウ：　　　僕のお弁当はつまんない。ママがすごいお弁当作ってくれたらいいのに。
　　　　　　　でもママ、忙しすぎるんだ。

スズキ先生：　そう、キャラ弁を持ってこないで、とお願いするのはそういう理由もあるのよ。
　　　　　　　それに、同じようにすごいお弁当が作れないと、自分は創作力がないって
　　　　　　　落ち込んじゃうお母様もいるのよ。

問 31　　正解　　4. Look

解説　　かわいらしいキャラ弁を得意げに披露している場面です。1.[Yucky] は [まずい]、
2.[Ouch] は [痛い（あいたっ！という感じです）]、3.[Eat] は [食べる（ここでは
命令形で（食べなさい））]、4.[見る（命令形で「見なさい」）]

問 32　　正解　　3. don't allow

解説　　1. は [〜しないことを選ぶ] ですが、この後は名詞ですので、文法的に当てはまりま
せん。2. は [調べないでしょう（「won't」は「will not」の短縮形）]、
3.[don't allow] は [許可しない]、4. は [許可を得ていない] です。

問 33　　正解　　1. My lunch is boring

解説　　まず設問にあるように、[気持ちの表現] を選ぶこと。2 と 4 は動作です。1.[boring]
は [つまらない]、2. は [お弁当を忘れた]（「forgot」は「forget」の過去形）、
3.[好きじゃない]、4.[食べ終わった] で、[forget〜ing] の形で [〜し終える] です。

問 34　　正解　　2. キャラ弁が園では禁止されているから

解説　　多忙だったり、独創的なお弁当づくりに負担を感じたりするお母様たちがいるので、
キャラ弁は持ってきてほしくない、とスズキ先生は話しています。

問 35　　正解　　3. 時間がないから

解説　　タロウの会話に [but she is too busy] とあり、忙しすぎて作ることができない
状況がうかがえます。

解説

Dialogue B　（※英文理解のための補助和訳）

スズキ先生：	みんな、集まって！お話の時間ですよ。私の前の床にすわってね。 今日はどのお話を読みましょうか？
タロウ：	ジャングルに行った男の子のお話を読もうよ！
コトネ：	それは先週読んだ。私、新しいお話がききたい。他にどんな本があるか しら？
スズキ先生：	残念だけど、今年はもう新しい本はありません。
コトネ：	明日読むために、新しい本をおうちから持ってきてもいい？
スズキ先生：	それはいいわね！本に名前を書いてくるのを忘れないでね、 そうすればあなたのだってわかるし、読み終わったら返せるから。

問 36　正解　2. Gather around

解説　1.[Line up] は [並ぶ]、2.[Gather around] は ([周りに) 集まる]、3.[Here you are] は [はい、どうぞ (ものを渡す時のことば)]、4.[Follow me] は [私に続く] という意味です。

問 37　正解　1. about

解説　1.about は [～ について]、2. writing は [書くこと、書かれたもの]、3.[into] は、[～ 中へ]、4.[enter] は [入る] という意味です。

問 38　正解　4. other

解説　1.[another] は [もう一つ、別の]、2.[plus] は [加えて]、3.[addition] は [追加]、4. [other] は [他の]、another は an other で次に単数名詞 (数えられる名詞) がきます。[books] は複数形なので 4.[other] がその前につきます。

問 39　正解　2. 本を学校に持ってくる

解説　[bring] は [持ってくる] です。[from home] とあり、家から新しい本を持ってくることを提案しています。

問 40　正解　4. 本に名前を書いてくること

解説　[Don't forget to write your name in the book] とあり、読み終わった後本人に返せるよう、[記名するのを忘れないで] と言っています。[so that] 以後に来る文で理由を 示しますが、[それで、そうすれば] という具合に訳すとよいでしょう。

幼保 英語検定

幼保英語検定
案内

幼保英語検定受検案内

受検級	4級から1級まで5つの級
受検資格	不問です。　※いずれの級からも受検可
検定開催	年に3回に実施。個人受検と団体受検があり
	春季検定　　7月　　第3日曜日
	秋季検定　11月　　第3日曜日
	初春検定　　2月　　第3日曜日
	※1級は、年1回春季検定7月第3日曜日のみ実施
申込方法	協会のホームページからのインターネット申込
申込期間	前検定開催日翌日から次回検定開催日の属する月前月の第4日曜日翌日まで
	隣接した2つの級の併願申込可。（同一日、同一会場が条件です）
受 検 料	4級　3,500円　3級　4,000円　　2級　4,500円　準1級　6,500円＊（二次1回目を含みます）1級　7,000円＊（二次1回目を含みます）

協会ホームページ受検案内

https://www.youhoeigo.com/guidance/overview.html

4級レベルの出題区分

配点、出題形式などはこちらでご確認ください。
https://www.youhoeigo.com/guidance/pg3150741.html

幼保 英語検定

資格証について

幼保英語士資格証

氏　名 Eiko Youho 幼保 英子

生年月日 XX/XX/XXXX

住　所 東京都目黒区中目黒 3-6-2
XXXXXXXXXX

登録番号 XXXX 年度初春検定

取得検定 XX/XX/2023

有効期限

LEVEL
PROFICIENCY

1級

幼保英語

一般社団法人　幼児教育・保育英語検定協会
Organization of Test of English for Early Childhood Education

資格証の案内

幼保英語士資格証付与について

幼保教育・保育英語検定（幼保英語検定）に合格した人材であることを明示するため、資格証の付与を下記の要領で行います。

対象：幼保英語検定　4級、3級、2級、準1級、1級　検定合格者

資格呼称：　幼保英語士資格証

幼保英語検定	4級	Level：Introductory
幼保英語検定	3級	Level：Beginner
幼保英語検定	2級	Level：Intermediate
幼保英語検定	準1級	Level：Advances
幼保英語検定	1級	Level：Proficiency

有効期間：

　　　　合格した検定の一般公開記念日から3年後の対応する検定日前日まで有効とします。

資格の更新：　有効期限満了日もしくは直前実施の検定を受検し合格すること。

4級、3級、2級：	再受験
準1級、1級：	二次試験のみ再受験（※更新の際の受験料は3,000円）

申請方法：

　　　　幼保教育・保育英語検定協会ホームページの「幼保英語士資格証付与について」から申込

発行費用：

　　　　1）新規申請：2,000円
　　　　2）更新申請：2,000円

提出写真規格：こちらhttps://www.youhoeigo.com/certificate/about_photo.htmlから確認

提出写真規格について

申込書：オンライン上にてフォームに入力

支払方法：クレジットカード、コンビニ、銀行もしくは郵便局でお支払いください。

資格証詳細・申込はこちらから

106 　　　　　無断転載・複写を禁じます

幼保英語検定　ワークブック　解答用紙

Level別で問題数が異なりますので、各Levelの問題数分を記入使用下さい。

名前	

学年	クラス
学籍番号	

級

記入は必ずHPの黒鉛筆で正確に塗りつぶしてください。
訂正する場合は消しゴムできれいに消してください。

解答欄		○×	解答欄		○×	解答欄		○×
問1	① ② ③ ④		問21	① ② ③ ④		問41	① ② ③ ④	
問2	① ② ③ ④		問22	① ② ③ ④		問42	① ② ③ ④	
問3	① ② ③ ④		問23	① ② ③ ④		問43	① ② ③ ④	
問4	① ② ③ ④		問24	① ② ③ ④		問44	① ② ③ ④	
問5	① ② ③ ④		問25	① ② ③ ④		問45	① ② ③ ④	
問6	① ② ③ ④		問26	① ② ③ ④		問46	① ② ③ ④	
問7	① ② ③ ④		問27	① ② ③ ④		問47	① ② ③ ④	
問8	① ② ③ ④		問28	① ② ③ ④		問48	① ② ③ ④	
問9	① ② ③ ④		問29	① ② ③ ④		問49	① ② ③ ④	
問10	① ② ③ ④		問30	① ② ③ ④		問50	① ② ③ ④	
問11	① ② ③ ④		問31	① ② ③ ④		問51	① ② ③ ④	
問12	① ② ③ ④		問32	① ② ③ ④		問52	① ② ③ ④	
問13	① ② ③ ④		問33	① ② ③ ④		問53	① ② ③ ④	
問14	① ② ③ ④		問34	① ② ③ ④		問54	① ② ③ ④	
問15	① ② ③ ④		問35	① ② ③ ④		問55	① ② ③ ④	
問16	① ② ③ ④		問36	① ② ③ ④		問56	① ② ③ ④	
問17	① ② ③ ④		問37	① ② ③ ④		問57	① ② ③ ④	
問18	① ② ③ ④		問38	① ② ③ ④		問58	① ② ③ ④	
問19	① ② ③ ④		問39	① ② ③ ④		問59	① ② ③ ④	
問20	① ② ③ ④		問40	① ② ③ ④		問60	① ② ③ ④	

筆記問題　　　1点

得点	

幼保英語検定 ワークブック 解答用紙

Level別で問題数が異なりますので、各Levelの問題数分を記入使用下さい。

名前	

学年	クラス
学籍番号	

	級

記入は必ずHPの黒鉛筆で正確に塗りつぶしてください。
訂正する場合は消しゴムできれいに消してください。

解答欄	○×		解答欄	○×		解答欄	○×
問1 ① ② ③ ④		問21 ① ② ③ ④		問41 ① ② ③ ④	
問2 ① ② ③ ④		問22 ① ② ③ ④		問42 ① ② ③ ④	
問3 ① ② ③ ④		問23 ① ② ③ ④		問43 ① ② ③ ④	
問4 ① ② ③ ④		問24 ① ② ③ ④		問44 ① ② ③ ④	
問5 ① ② ③ ④		問25 ① ② ③ ④		問45 ① ② ③ ④	
問6 ① ② ③ ④		問26 ① ② ③ ④		問46 ① ② ③ ④	
問7 ① ② ③ ④		問27 ① ② ③ ④		問47 ① ② ③ ④	
問8 ① ② ③ ④		問28 ① ② ③ ④		問48 ① ② ③ ④	
問9 ① ② ③ ④		問29 ① ② ③ ④		問49 ① ② ③ ④	
問10 ① ② ③ ④		問30 ① ② ③ ④		問50 ① ② ③ ④	
問11 ① ② ③ ④		問31 ① ② ③ ④		問51 ① ② ③ ④	
問12 ① ② ③ ④		問32 ① ② ③ ④		問52 ① ② ③ ④	
問13 ① ② ③ ④		問33 ① ② ③ ④		問53 ① ② ③ ④	
問14 ① ② ③ ④		問34 ① ② ③ ④		問54 ① ② ③ ④	
問15 ① ② ③ ④		問35 ① ② ③ ④		問55 ① ② ③ ④	
問16 ① ② ③ ④		問36 ① ② ③ ④		問56 ① ② ③ ④	
問17 ① ② ③ ④		問37 ① ② ③ ④		問57 ① ② ③ ④	
問18 ① ② ③ ④		問38 ① ② ③ ④		問58 ① ② ③ ④	
問19 ① ② ③ ④		問39 ① ② ③ ④		問59 ① ② ③ ④	
問20 ① ② ③ ④		問40 ① ② ③ ④		問60 ① ② ③ ④	

筆記問題　　1点

得点	

110　　　無断転載・複写を禁じます

幼保英語検定 ワークブック 解答用紙

Level別で問題数が異なりますので、各Levelの問題数分を記入使用下さい。

名前	

学年	クラス
学籍番号	

	級

記入は必ずHPの黒鉛筆で正確に塗りつぶしてください。
訂正する場合は消しゴムできれいに消してください。

解答欄	○×	解答欄	○×	解答欄	○×
問1 ① ② ③ ④		問21 ① ② ③ ④		問41 ① ② ③ ④	
問2 ① ② ③ ④		問22 ① ② ③ ④		問42 ① ② ③ ④	
問3 ① ② ③ ④		問23 ① ② ③ ④		問43 ① ② ③ ④	
問4 ① ② ③ ④		問24 ① ② ③ ④		問44 ① ② ③ ④	
問5 ① ② ③ ④		問25 ① ② ③ ④		問45 ① ② ③ ④	
問6 ① ② ③ ④		問26 ① ② ③ ④		問46 ① ② ③ ④	
問7 ① ② ③ ④		問27 ① ② ③ ④		問47 ① ② ③ ④	
問8 ① ② ③ ④		問28 ① ② ③ ④		問48 ① ② ③ ④	
問9 ① ② ③ ④		問29 ① ② ③ ④		問49 ① ② ③ ④	
問10 ① ② ③ ④		問30 ① ② ③ ④		問50 ① ② ③ ④	
問11 ① ② ③ ④		問31 ① ② ③ ④		問51 ① ② ③ ④	
問12 ① ② ③ ④		問32 ① ② ③ ④		問52 ① ② ③ ④	
問13 ① ② ③ ④		問33 ① ② ③ ④		問53 ① ② ③ ④	
問14 ① ② ③ ④		問34 ① ② ③ ④		問54 ① ② ③ ④	
問15 ① ② ③ ④		問35 ① ② ③ ④		問55 ① ② ③ ④	
問16 ① ② ③ ④		問36 ① ② ③ ④		問56 ① ② ③ ④	
問17 ① ② ③ ④		問37 ① ② ③ ④		問57 ① ② ③ ④	
問18 ① ② ③ ④		問38 ① ② ③ ④		問58 ① ② ③ ④	
問19 ① ② ③ ④		問39 ① ② ③ ④		問59 ① ② ③ ④	
問20 ① ② ③ ④		問40 ① ② ③ ④		問60 ① ② ③ ④	

筆記問題　　　1点

得点	

幼保英語検定 ワークブック 解答用紙

Level別で問題数が異なりますので、各Levelの問題数分を記入使用下さい。

名前	

学年	クラス
学籍番号	

	級

記入は必ず HP の黒鉛筆で正確に塗りつぶしてください。
訂正する場合は消しゴムできれいに消してください。

解答欄	○×	解答欄	○×	解答欄	○×
問1 ① ② ③ ④		問21 ① ② ③ ④		問41 ① ② ③ ④	
問2 ① ② ③ ④		問22 ① ② ③ ④		問42 ① ② ③ ④	
問3 ① ② ③ ④		問23 ① ② ③ ④		問43 ① ② ③ ④	
問4 ① ② ③ ④		問24 ① ② ③ ④		問44 ① ② ③ ④	
問5 ① ② ③ ④		問25 ① ② ③ ④		問45 ① ② ③ ④	
問6 ① ② ③ ④		問26 ① ② ③ ④		問46 ① ② ③ ④	
問7 ① ② ③ ④		問27 ① ② ③ ④		問47 ① ② ③ ④	
問8 ① ② ③ ④		問28 ① ② ③ ④		問48 ① ② ③ ④	
問9 ① ② ③ ④		問29 ① ② ③ ④		問49 ① ② ③ ④	
問10 ① ② ③ ④		問30 ① ② ③ ④		問50 ① ② ③ ④	
問11 ① ② ③ ④		問31 ① ② ③ ④		問51 ① ② ③ ④	
問12 ① ② ③ ④		問32 ① ② ③ ④		問52 ① ② ③ ④	
問13 ① ② ③ ④		問33 ① ② ③ ④		問53 ① ② ③ ④	
問14 ① ② ③ ④		問34 ① ② ③ ④		問54 ① ② ③ ④	
問15 ① ② ③ ④		問35 ① ② ③ ④		問55 ① ② ③ ④	
問16 ① ② ③ ④		問36 ① ② ③ ④		問56 ① ② ③ ④	
問17 ① ② ③ ④		問37 ① ② ③ ④		問57 ① ② ③ ④	
問18 ① ② ③ ④		問38 ① ② ③ ④		問58 ① ② ③ ④	
問19 ① ② ③ ④		問39 ① ② ③ ④		問59 ① ② ③ ④	
問20 ① ② ③ ④		問40 ① ② ③ ④		問60 ① ② ③ ④	

筆記問題　　　1点

得点	

幼保英語検定 ワークブック 解答用紙

Level別で問題数が異なりますので、各Levelの問題数分を記入使用下さい。

名前	

学年	クラス
学籍番号	

	級

記入は必ず HP の黒鉛筆で正確に塗りつぶしてください。
訂正する場合は消しゴムできれいに消してください。

解答欄	○×		解答欄	○×		解答欄	○×
問1 ① ② ③ ④		問21 ① ② ③ ④		問41 ① ② ③ ④	
問2 ① ② ③ ④		問22 ① ② ③ ④		問42 ① ② ③ ④	
問3 ① ② ③ ④		問23 ① ② ③ ④		問43 ① ② ③ ④	
問4 ① ② ③ ④		問24 ① ② ③ ④		問44 ① ② ③ ④	
問5 ① ② ③ ④		問25 ① ② ③ ④		問45 ① ② ③ ④	
問6 ① ② ③ ④		問26 ① ② ③ ④		問46 ① ② ③ ④	
問7 ① ② ③ ④		問27 ① ② ③ ④		問47 ① ② ③ ④	
問8 ① ② ③ ④		問28 ① ② ③ ④		問48 ① ② ③ ④	
問9 ① ② ③ ④		問29 ① ② ③ ④		問49 ① ② ③ ④	
問10 ① ② ③ ④		問30 ① ② ③ ④		問50 ① ② ③ ④	
問11 ① ② ③ ④		問31 ① ② ③ ④		問51 ① ② ③ ④	
問12 ① ② ③ ④		問32 ① ② ③ ④		問52 ① ② ③ ④	
問13 ① ② ③ ④		問33 ① ② ③ ④		問53 ① ② ③ ④	
問14 ① ② ③ ④		問34 ① ② ③ ④		問54 ① ② ③ ④	
問15 ① ② ③ ④		問35 ① ② ③ ④		問55 ① ② ③ ④	
問16 ① ② ③ ④		問36 ① ② ③ ④		問56 ① ② ③ ④	
問17 ① ② ③ ④		問37 ① ② ③ ④		問57 ① ② ③ ④	
問18 ① ② ③ ④		問38 ① ② ③ ④		問58 ① ② ③ ④	
問19 ① ② ③ ④		問39 ① ② ③ ④		問59 ① ② ③ ④	
問20 ① ② ③ ④		問40 ① ② ③ ④		問60 ① ② ③ ④	

筆記問題　　　1点

得点	

幼保英語検定　4級ワークブック

2023 年 6 月 20 日初版 1 刷発行

著者	一般社団法人国際子育て人材支援機構
発行所	一般社団法人国際子育て人材支援機構
	〒 153-0061 東京都目黒区中目黒 3-6-2
	Tel 03-5725-0554 Fax 03-6452-4148　http://www.b-parenting.jp/
発売所	株式会社　ブックフォレ
	〒 224-0003 神奈川県横浜市都筑区中川中央 1-21-3-2F
	Tel 045-910-1020 Fax 045-910-1040　http://www.bookfore.co.jp
印刷・製本	冊子印刷社

© 2020, Organization of Bilingual Parenting Printed in Japan

ISBN978-4-909846-51-8